What did people
who earn a hundred million yen
start with at the very beginning

誰でもできるけど、みんな気づいていない！

1億円
稼いでいる人は
何をしているのか？

起業18フォーラム　新井　一

NG Co., LTD

CONTENTS

chpeter 2

お金の流れをつかめる人、つかめない人

chpeter 3

億の流れをつかむ目標の立て方

chpeter 4

お金の流れを軌道に乗せるステップ

chpeter 5

お金の流れを枯れさせないようにしよう

ブックデザイン：木村勉
図表・イラスト＆ＤＴＰ：横内俊彦
校正：髙橋宏昌

プロローグ

本書を手に取っていただいて、ありがとうございます。起業18フォーラム代表　新井一です。

私は何千人もの会社員を起業家に転身させてきた起業支援の専門家ですが、この本は起業のことを書いている本ではありません。手っ取り早く1億円稼ぐ方法の本でもなければ、不動産投資の指南書でもありません。

この本は、読者の皆さんに〝お金〟の考え方について、新しい見方を提案することをイメージして書きました。

なぜ〝お金〟のことについて書くのか？　と不思議に思う人も多いかもしれません。というのは、お金にまつわることで不安を抱いている人が多いからです。

「このままで老後の資金が足りるだろうか？」
「将来、この貯金のペースで安心して暮らせるのか？」

給料よりも物価の方が上がっている

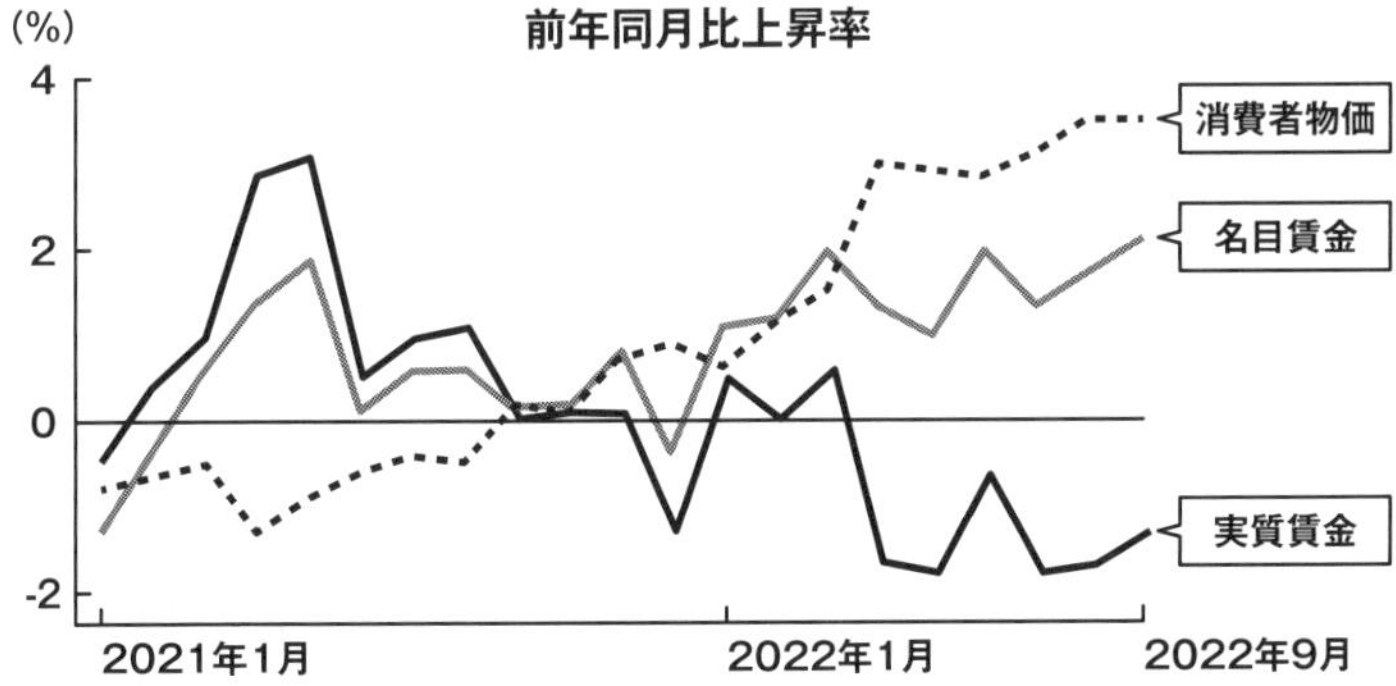

出所資料：厚生労働省

「仕事がなくなったら、どうやって生きていくのだろうか？」

こうしたお金にまつわる不安を抱く人が、新型コロナウイルスが収束した後、とても多くなりました。

賃金は少しずつ上がってはいますが、**それ以上に物価が高くなっています。**このため、生活がしづらいとか、生きづらくなっている人が増えているのです。

物価高が賃金の伸び率を超えている世の中では、以前よりも使えるお金が減るわけですから、より、自分が持っているお金の多寡について、気持ちが向いてしまうことになります。

このような負のスパイラルを止めて、も

っと人生を楽しく、豊かに生きるためにはどうすればいいのでしょうか?

そこで私は、億単位のお金を生み出せるアメリカの起業家の思考を分析してみることにしました。

その時の経済状況に左右される私たちと、億単位でお金を生み出せる人たちとの違いとは、一体、どこにあるのでしょうか?

アマゾン・ドット・コムの創業者のジェフ・ベゾス氏は、2023年現在、59歳。総資産は日本円で約17兆円と世界第3位の億万長者です。

しかし、彼の出自はとても複雑でした。バイクショップのオーナーだった生みの父親と母親は10代でベゾスを生み、父親は時給約1ドルの廃品回収の仕事に従事し、貧困に喘いでいました。彼はそんな家庭に生まれたのに、貧困のループから脱出して、大金持ちになりました。彼が大金持ちになったきっかけは、あるグラフにあります。

それは、**インターネットの普及率でした**。1994年、新興ヘッジファンドでインターネットの調査担当をしていた彼は、**ウェブの普及率が1年間で2300%伸びているというデータを発見したのです**。

まさに彼が発見したのは、インターネットが生み出していた、「大きなお金の流

パソコン、インターネットの普及率

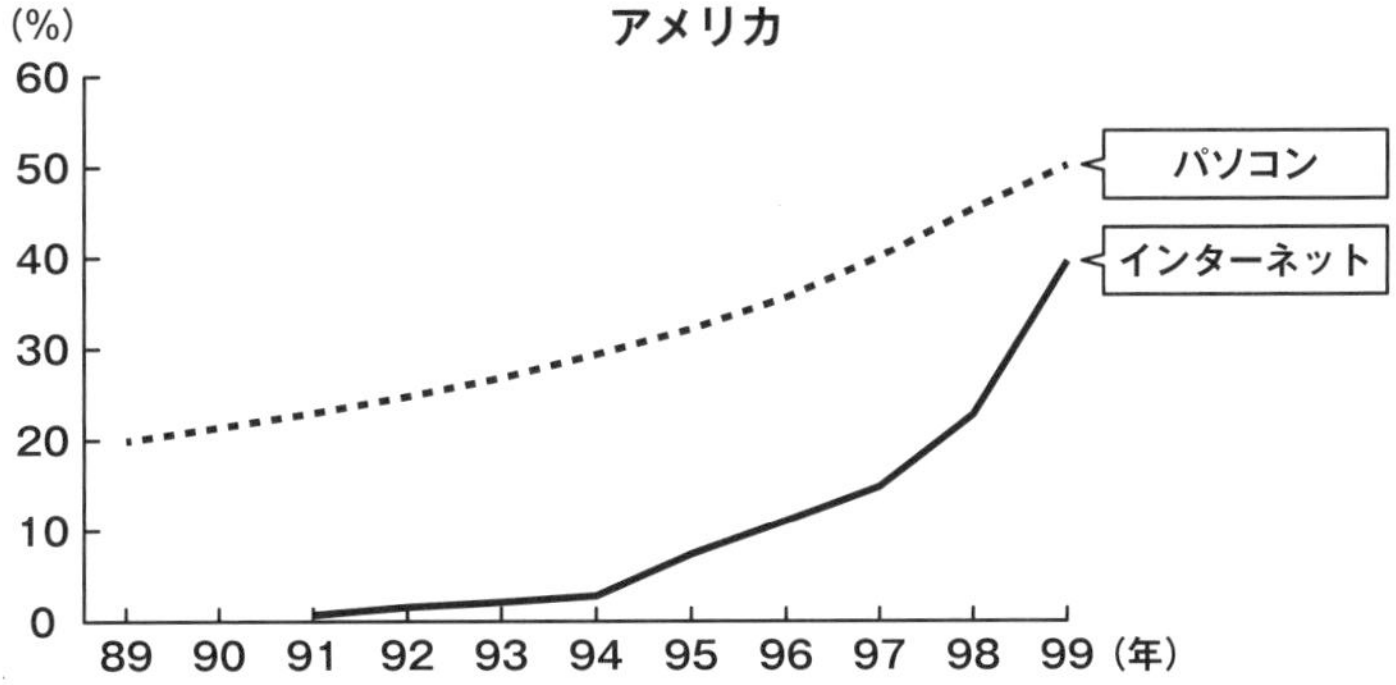

資料出所：総務省

れ」だったのです。

そこで、兼ねてから温めていた何百万冊ものタイトルを持つオンライン書店をつくろうと考え、結婚一年目に副社長の地位を捨てて、オンライン書店をつくりました。それが現在のアマゾン・ドット・コムです。

その後、Amazonは本だけではなく、さまざまな商品を扱うことで、数多くの流れをつくり、お金を生み出し続けています。

電気自動車や宇宙事業に進出し、約26兆円の資産を持つイーロン・マスクも、インターネットが生み出した大きなお金の流れにビジネスチャンスを見いだし、電子決済事業であるPayPalをつくり、それを足がかりに、さまざまな事業を成長させてきました。

ストック思考とフロー思考

それにしても、なぜ私たちは、いつも将来に不安を感じているのでしょうか？　寿命が延びていること、年金だけでは暮らしていけないこと、少子高齢化、ＡＩの発達による仕事の変化に対する恐怖心など、さまざまな理由がありますが、最大の原因は、**私たちが〝ストック思考〟になっているからでしょう。ストック思考とは〝蓄え〟を意識してしまう脳の働きです。**私たちはこの思考によって、現在の預金残高を眺めながら、将来必要なお金を計算しています。

しかし、長年、デフレ経済下で仕事をしてきた現役世代の多くは、お給料が上がらず、預貯金を増やすこともできない状態でした。よって、ストック思考でいる限り、不安がいつまでもつきまとうことになります。

私たちがお金に関する不安をなくしたいのであれば、ストック思考をやめて、〝フロー思考〟に切り替えなくてはなりません。

フロー思考とは、預貯金の残高を見るのではなく、お金の流れ（出と入り）を見る

考え方です。私たちが会社で仕事をする際、会社の銀行口座にいくらお金が残っているか（ストック）に一喜一憂している人は少ないでしょう。それよりも日々のお金の流れ、つまり、会社に入ってくるお金を増やし、会社から出ていくお金を減らすことを、より意識しているはずです。お金をストックで見るのではなく、フローで、つまり〝流れ〟で解釈すれば、生き続けることができるのです。誰もが頭ではわかっていることです。

事実、お金が一時的に減っても、銀行口座に1円のお金がなくても、お金の流れが続いている限り、大きな問題にはなりません。ところが、ストック思考にとらわれている人は、口座のお金が目減りするだけで焦り、不安になってしまいます。〝残高〟が減ることに、ストック思考は超敏感だからです。逆に、残高が増えた時には安心、喜びを感じます。これがストック思考の最大の特徴です。

フロー思考になると、お金の見方が変わってきます。残高よりも流れを見るようになるからです。一時的に数字が増えたり減ったりすることは意識せず、「お金の流れが止まっていないか」を意識しています。銀行口座の残高が増えてくると、「滞留しているお金が増えてしまった」「お金を有効活用できていない」と焦りさえ出てくるのです。

実は、金融資産1億円以上を持つお金持ち（日本の全世帯の2％）は、そのほとんどがお金の〝流れ〟を意識している人たちです。いろいろな形で、少しずつお金の〝流れ〟の数を増やし、その流れを太く、大きくし、それが集まった結果、いつの間にか億を超えるお金持ちになっています。

新たなお金の流れをつかみ取るチャンス

そこで、お金の不安を抱えている皆さんには、本書を通じて、お金の流れの生み出し方、増やし方をご紹介したいと思います。

現在多くの人にとって唯一のお金の流れである〝給料〟以外に、小さな流入を追加していこうという試みです。まずひとつ増やすことができれば、あとは簡単です。それを増やしたり、大きくしたりしていけばいいだけですから。そして、お金の流れを生み出すことができた人は、**頭がストック思考からフロー思考へと切り替わり、「貯金は増えたり減ったりしているけれど、毎月●●万円入ってくるから大丈夫」**と、お金への不安がいつの間にか消えていることでしょう。

私が今、この本を出すのは、今がお金の流れを増やすチャンスの時だからです。

今から3年ほど前、新型コロナウイルスが流行する前の世界を思い出してください。当時、会社に行かずに仕事をする〝リモートワーク〟は一般的ではありませんでした。会議やセミナーも同様です。また、コンビニに全自動レジが導入され、無人化が急速に進んでいくなんて、誰が予測したでしょうか？

そして今、2023年は、世の中のしくみがさらに大きく変わる革命前夜のようです。ご存じの通り、ChatGPTに象徴される人工知能技術によって、私たちの働き方が変わろうとしています。そして、技術、政策、大企業の経営方針が変わるタイミングでは、個人でもお金の流れをつくり出せるチャンスがたくさん生まれます。これはすでに〝確定事項〟です。乗り遅れたら損をします。

今こそ、お金との向き合い方を変えましょう。お金の流れを意識し、お金にとらわれたり、惑わされたりしない生き方を目指しましょう。

今日もあなたらしく、笑顔で。

新井　一

chpeter

1

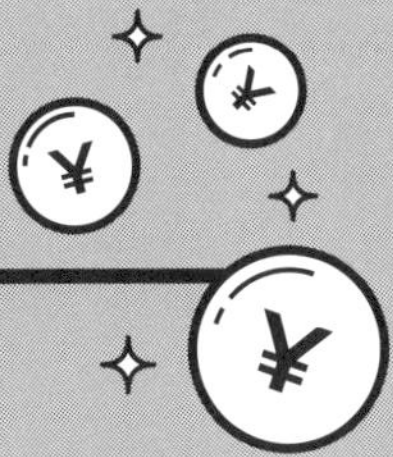

貧乏になるストック思考と お金持ちになるフロー思考

お金持ちの頭の中はフロー思考

　はじめに、改めてこのフローとストックの関係性について、整理しておきましょう。

「貯金が今、どのくらいあるのか？」
「貯金は３００万円あります」

　このようにお金の蓄積は、多いとか少ないとか、定量的にストック（貯え）として表わされます。決算書にも四半期や1年間のストックの結果が載っています。しかし、左の図のように、お金を貯めるには、継続的なお金のフロー（流れ）が必要です。

　すでに、終身雇用制度が崩壊してから、20～30年経っていますが、給料というお金

のフローしか持っていない人が少なくありません。流れが1本しかないと、さまざまな天変地異が起こった時に、その流れが途絶えてしまうかもしれません。

今回の物価高もそうでしょう。結果的に給料の価値は下がり、さらに、2023年8月は円安情勢なので、国際的地位は対外国通貨では、もっと下がっていることになります。

前載したイラストでたとえると、「蛇口から出る水がチョロチョロになってしまった」ということになるでしょう。

そんな状態で、自分の財産（ストック）がいくらあるのか？ を考えても意味がありません。そんなことを考えていたら、ますます暗い気分になってしまいます。空っぽなバケツを見ても絶望を感じるだけです。

では、どうすればいいのでしょう？

「今、バケツに注がれている蛇口の太さを変えればいいのではないか？」と考える人がいるかもしれません。**しかし、国内で働く日本人の給料はもう30年ぐらい上がっていません。**今さら急に蛇口を太くしようとしても無理でしょう。

では、どうすればいいのでしょうか？　答えは簡単です。**蛇口を増やせばいいのです。**

多くのストック思考の人は、「将来への備え＝預貯金」と考えています。そして、生活費を切り詰め、毎月数万円程度を預貯金に回しつつ、余裕があれば、投資信託などで少額の積み立て投資をしています。

その考えはもちろん正しいのですが、**このやり方で将来に備えることができるのは30代前半までの人です。**そのタイミングで将来設計の重要性に気づき、さらに大企業の正社員や公務員等で、平均以上のお給料をもらっている人ならば、時間を味方につけて、しっかりとした資産形成ができるでしょう。

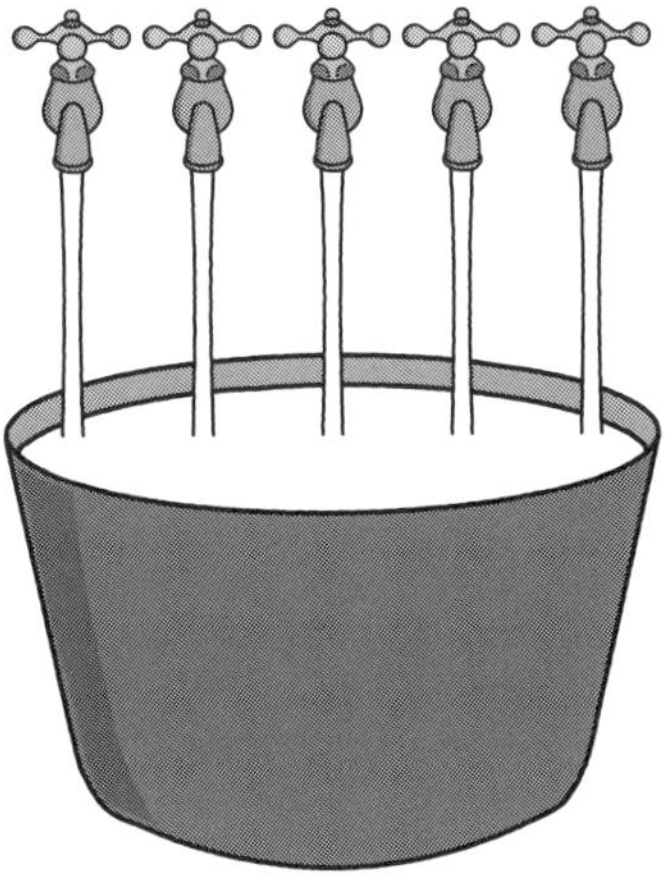

しかし、40代近くになって焦り始めた人、賃金上昇に恵まれなかった中小企業の社員や非正規雇用の方、報酬が増えないフリーランスにとっては厳しい現実があります。**そもそも、預貯金や積み立てに回す資金がありません。**コツコツと貯めてやっと増えてきた預貯金も、教育費や予期せぬ出費で消えてしまいます。

このような状況にある人は、食費を切り詰めたり、旅行を我慢したり、節約してお金を残そうとします。ストック思考は、残す、貯めるほうに意識が向かうのです。

しかし、ご存じの通り、預貯金残高は簡単には増えていきません。そして何より大切なことは、**現在の日本においては、「流れていないお金は増えない」ということです。**意識すべきはフロー思考を使い、お金の量ではなく〝流れ〟を見ることなのです。

そこで筆者がオススメしたいのが、**まず、〝入りフローの数〟を増やすことです。**

ここで大切なのは順番です。多くの人は、キャリアアップ転職など、フローを大きく（太く）することを先に考えますが、まずは〝増設〟を狙ってください。業務量も人間関係も未知数の転職で年収アップを狙うよりも低リスクですし、アルバイトの掛け持ちのように命を削る心配もないからです。

自分で始めるちょっとした「入りのフロー増設」は、自分のペースで小さく始めることができますし、嫌ならやめたらいいのですから、気楽なものです。その気楽さこそが、最初の行動を生み出し、継続する力になります。

「小さく始める？　冗談じゃない。それこそ貧乏思考だ！」と、別の方法を模索する人もいるでしょう。しかし、そこでまず出てくる話は、「富裕層思考の人は、まず千万単位のお金を集め、そのお金を運用してリターンを得る。つまり、大きな元手を準備して資産を購入。その資産に働いてもらうのだ」という類いのものです。たとえば、「中古マンションをフルローンで買い、そこで得た家賃で借金を返しましょう。あなたのお金を使うことなく、30年後にはマンションという資産が残ります」のようなお話です。うまくいくのなら、とても魅力的なストーリーです。

この類いのお話について、多くの人は思っているはずです。

「確かにそうだよね。でも、できないんだよ。金ないし。知らんけど」

そう言われたお金持ちは言うでしょう。

「だからあなたはお金持ちになれないんだ」
「資産を買うんだよ。住宅や車のような負債を買ってはダメだよ」
「今の貯金なんて関係ないんだよ。借りればいいんだから」

私も、確かに知っています。頭ではわかっています。その通りです。でも、できませんでした。心と体が動かないのです。父が不動産で失敗したこと、優良物件の情報が自分に入ってくると思えないこと。さまざまな貧乏思考に勝手につまずき、35年ローンは既に手遅れ。何もできませんでした。

また、ある人は「億を稼ぐ力を身につければいい！」と、スタートアップを模索するかもしれません。「起業して、事業を育てて、イグジット（ビジネスを売却）して資産を得る！」と言われれば、夢があってワクワクしてきます。1億円どころか、何十億円という世界を見られるかもしれません。

この類いのお話について、多くの人は思っているはずです。

「確かにそうだよね。でも、できないよ。よくわかんないし。自信ないわ」

そう言われた起業家は言うでしょう。

「だからあなたはお金持ちになれないんだ」
「借金を怖がるのは貧乏人だよ。良い借金をすればいいんだよ」
「リスクを恐れていては何もできないよ」

私もわかっています。その通りです。ChatGPTにも同じことを言われました。ある程度の結果は〝元手の大きさ〟で決まってしまうことも知っています。だから資金調達をすることの大切さも、頭ではわかっています。でも、怖くてできないのです。大きな責任を背負うことも、石橋を叩いて壊してしまうタイプの私には向いていないのです……。

そんなヘタレな私が、**唯一できたことが、「小さなフローをひとつずつ増やすこと」でした。**そして、ギャンブル性のある投資は極力せず（FX大失敗経験あり）、自分の経験、体験、学習に投資をしてきたこと、それだけでした。コツコツと増設したフローから得た資金を、少し貯金して、ほかにも少し積み立て型の投資に回し、あとは自分の楽しみのために使うという、まさに、**多くのお金持ちが決してやらない貧乏思考で生きてきたのです。**

しかし、この方法であれば、私のような臆病で、石橋を叩き過ぎるタイプの人であっても、生活費や娯楽費を切り詰めて疲弊することもなく、転職して慣れない環境で苦労することもなく、スタートが遅れてしまったとしても、そこそこまでならいけるのではないか？　そんなふうに思っています。

億を稼ぐ人たちは、皆フロー思考

億の収入がある人たちは、貯金を増やすことよりも、フロー（収入の柱）をいかに増やすかを考えています。

ラッセル・ブランソンというアメリカの起業家がいます。現在、彼の会社の年商は100億円以上です。しかし、その膨大な収入を稼いだ最初の収入の柱は、1日に2000円の小さなビジネスだったといいます。

彼がほんの小さな収入の柱を生み出したのは、アメリカのアイダホ州にある私立大学に在学中の時でした。彼は同級生と結婚し、子どもが生まれたのですが、学生でまったく収入がなかったため、どこからか収入を得たいと考えていました。もちろん、大学生だったので、フルタイムで働くことはできません。

彼は、友達と、なんとか収入を得る方法はないかと考え続けました。**そして思いついたのが、「ポテトガンの作り方」でした。ポテトガンとは、じゃがいもを塩化ビニールパイプに詰め、ガスを充填して飛ばす空気銃のことです。**ポテトガンはもともと子どもが遊ぶための玩具だったのですが、ポテトがものすごい勢いで飛んでいくので、映像にすると迫力があり、手作りでそんな本格的な空気銃ができるということで、当時、小さなマーケットではありますが、大人にもコアなファンがいたのです。インターネットで検索したところ、ポテトガンの設計図について調べている人が、月に約1万8000人程度いることがわかりました。

ラッセルは、ネットの情報で作り方を学びながら友達と一緒にポテトガンを作り、ついに、派手にジャガイモが飛び出すポテトガンを製作することに成功しました。そして、ポテトガンを発射する様子を動画で撮影し、作り方を教えるDVDにして、ネットで販売したのです。当時の彼にはお金がなかったので、最初は数枚しかDVDを作ることができませんでしたが、材料費や配送費などを差し引いて、純利益は1日に2000円程度になったといいます。1カ月にしてもわずか約6万円の収入ですが、この収入の柱を元にして、彼は事業をさらに拡大していくのです。

友達が新しい収入の柱を提案する

最初の収入ができたラッセルに次の収入の柱を提案したのは、一緒にポテトガンを作った友達でした。友達はラッセルにこう言ったのです。

「マクドナルドでもハンバーガーを売ったら、ポテトをお勧めする。普通のハンバーガーを頼んだ人には、より単価の高いビッグマックを提案する。作り方のDVD 1枚を売っただけで満足してはいけない」

専門的には、ポテトを提案することを〝クロスセル〟、ビッグマックを勧めることを〝アップセル〟と言います。ラッセルの友達は、そのマーケティングの仕組みに気づいたというわけです。

そこでラッセルは、友達の助言に従って、新しいフローを開発しました。それが、「ポテトガンを作るためのキット」です。DVDでは、作り方の説明という〝情報〟を売っていましたが、派手な発射が楽しめるポテトガンの材料という〝物〟も準備し、それをセットにして販売するというものです。このポテトガン製作キットは、DVDを購入してくれた人の3人に1人が購入してくれるようになりました。このキットの販売のおかげで、1日の利益は数十倍になったといいます。

前述したように、ポテトガンの市場はインターネットで検索した人数を見る限り、とても小さいマーケットです。しかし、マーケットにいるお客様たちは、「ポテトガンの性能を向上させるのであれば、いくらお金を掛けても構わない」というコアなファンたちでした。このため、DVDだけでは飽き足らず、派手にポテトを飛ばせるキットを望んでいた人も多かったというわけです。

実はラッセルがその後、億の収入を得ることができたのは、このクロスセルやアップセルで増やした収入の柱によるものです。ポテトガンのマーケットは、顧客の数が限られている小さなマーケットですが、同じような商品や関連商品を購入してくれるコアな顧客が多いマーケットでした。彼は似たような市場を探し、同じようにコアな購買意欲の高い顧客が多い「起業家向け集客ノウハウ」を販売するマーケットでフローを構築し、億の収入を得ることに成功したのです。

彼のように、最初は細く小さな流れでも、コアな客層をつかみ、繰り返し販売しながら、少しずつ単価を上げ、流れを太くしていく方法もあります。その経験を元に、全くことなる市場で、大きな収入の柱を増やすことも可能なのです。

自分の健康に目をつけて、500億円の収入を得た起業家

もう一つ、億単位の収入を得ることになった人のフロー思考をのぞいてみましょう。『シリコンバレー式最強の食事』（ダイヤモンド社）を出版した著述家のデイブ・アスプリーです。

彼はカリフォルニア大学・サンタバーバラ校を卒業した後、IT業界に進み、シリコンバレーでスタートアップ企業の役員を務めていました。ちょうどインターネットが急成長し、IT業界が脚光を浴びた時代です。彼は自分自身を「最も収入を上げることができる業界」に置くことで、わずか26歳にして約6億円の資産を得ることに成功しました。しかし、億万長者になったのも束の間、2年後にその6億円をすべて失うことになるのです。

彼に残ったのは病にまみれた自分の身体だけでした。彼は、シリコンバレーで働いていた間の不摂生な生活と高カロリーの食事がたたり、体重が140キロ以上になっていたのです。このため、億万長者から転落して、さらに生死の境をさまようことになってしまいました。

億単位の資産を一瞬にして失い、残ったのは病気がちの肥満の身体だけだったら、

普通のストック思考の人ならば、そのまま死んでしまうことを考えたかもしれません。

しかし、彼はとことんフロー思考でした。というのも、シリコンバレー時代、彼は収入の柱を作る専門家だったからです。彼は起業してすぐに数百億円単位の売上を叩き出すフローを作ることが得意だったのです。

¥「肥満を解消する」という思いだけで収入の柱を立ち上げる

もともと、起業家精神にあふれていた彼は、何かの不満があるとそれを解消しようと、あらゆることを実践するタイプの人でした。たとえば、今の仕事をもっと効率化すれば、時間が余るかもしれないと思ったら、仕事のプロセスや会議を減らすなど、効率化のためのあらゆる手段を取るのが彼の考え方だったのです。

同じように、「もう肥満はたくさんだ」と思ったことが、自分の新しい収入源である〝ダイエット法〟の確立につながりました。さまざまなダイエット法を調べ、生物学にまで精通した彼が生み出したのが、「完全無欠ダイエット（ザ・ブレットプルーフ・ダイエット）」でした。チベットのバター茶に着想を得て、コーヒーにバターを配合し、糖質を効率的に燃焼するというダイエット法を開発したのです。現在では、本も出版し、さらにバターコーヒーのコーヒー豆も販売するなど収入の柱を増やし続けた結果、グループ全体の年商は500億円に達しているといいます。

しかし、バターコーヒーを使った収入の柱が、最初から順調だったわけではありません。そもそも、ダイエットにバターを入れたコーヒーを使うこと自体が突拍子もないアイデアでした。最初は、お金のことはまったく考えずに、自分とその周囲の100人ぐらいの人を対象に、肥満で困っている人を助けたいという思いで始めたそうです。しかし、常識はずれのダイエット法ということで、多くのメディアが注目し、500億円の市場にまで成長することになったのです。

コーチングで1億円以上の収入を得た元Googleのコーチ

コーチングで1億円以上の収入を得た人もいます。それが、ジェニー・ブレイクです。彼女は、検索エンジン大手Googleの元キャリア開発プログラム・マネージャーで、早期退職後、コーチングで1億円以上の収入を得て大成功を収めました。

経歴だけを見ると、Google出身者だから大成功したのでは？　と思う人もいるかもしれません。しかし、そうではないのです。

もともと彼女は、Googleに勤務しながらブログを使って副業をしていました。ブログの名前は、「ライフ・アフター・カレッジ」というもので、人生、仕事、お金、家、友人関係、恋愛関係など、さまざまな悩みに直面した時に、どのように考えるかという、自分の本音を見出すためのコーチングブログでした。彼女は、そのブログに書いた内容をまとめ、本を出版しました。こうした活動によって、彼女はインフルエンサーになることができたのです。

そして彼女は、安定収入のあったGoogleを退職し、大きな一歩を踏み出します。安定した収入を得ながらキャリアを開発し、バスケットボールの〝ピボット（※片足を軸足として固定し、もう片方の足を動かすステップのこと）〟と同じように、外部

環境の変化に合わせて自己成長することを〝ピボットプログラム〟と名付け、個人でコーチング事業をスタートしたのです。

起業したての頃は、Google社を始め、マサチューセッツ工科大学（MIT）、カリフォルニア大学・ロサンゼルス校（UCLA）、世界4大会計事務所のKPMGなどで、基調講演やワークショップなどをしつつ、個人へのコーチングも行っていました。

しかし、時間を切り売りするコーチングのフロー収入では、1億円の収入を上げるには厳しいものがありました。

そこで、彼女が実践したのが、ビジネスモデルの見直しでした。**本当に自分にとって有益で利益になるものだけを選び、その他を捨てることにしたのです。**彼女はまず、SNSを一切、止めることにしました。彼女はインフルエンサーでしたが、SNSが彼女の時間を大きく奪っていることがわかったからです。次に1対1のコーチングを止めました。レバレッジをかけていくためには、生産性の低い働き方は変えなくてはならなかったのです。

その代わりに彼女が行ったことは、優秀なコーチ人材を育成し、育てたコーチに仕事を委託すること、そして、法人用のコーチングプログラムを開発し、ＢｔｏＢの契約を多く取るように営業をシフトしたのです。さらに、講演や書籍の執筆の時間を増やし、経理や事務などの苦手なことを他者に委任することによって、起業して2年目には1億円以上の収入を得ることができるようになりました。

ストックがなくてもフローがあれば、お金の不安はなくなる

お金の不安がいつまでも払拭できない人は、今現在、自分にどれだけのお金があるのか？　という「お金の量（貯金残高）」に関心が向いています。

もちろん、限られたお金を効率よく配分するために、このストック思考を活用することは、とても大切なことです。

しかし、いくらお金の量があったとしても、減っていく一方では、心の不安は消えないのではないでしょうか？　1本しかないフローに命を預けることも同様です。命綱は1本より2本あったほうが安心でしょう。

このように、不安の解消のためには、**「複数の入りのフロー」が確保されている状態をつくることが大切です。**お金の量が一時的に減ったとしても、回復する予定が立っていること、そして、お金がどのように得られ、どのように使われ、そしてどのように増えていくのか、その全体の動きを自分で把握し、コントロールできていることが必要なのです。

ひとつ例を挙げてみましょう。Aさんは東京に住む30代会社員です。毎月30万円を

稼ぎますが、趣味や飲み会などで、いつもその月のうちに全額を使いきってしまいます。故に貯金はありません。対してフリーランスのBさんは、親の遺産を受け継いで貯金が500万円もあります。月の稼ぎは25万円前後で不安定です。ほぼ毎月5万円程度、貯金を切り崩して生活しています。

このAさんとBさんは、どちらが将来の不安がない状態でしょうか？　恐らく、どちらも不安なはずです。実際、Aさんは、「貯金がないと何かあった時に困る」と漠然とした不安を抱くようになり、娯楽費を切り詰め始めました。一方のBさんは、「このままでは8～9年で貯金ゼロになってしまう」と計算し、旅行を我慢したり、安定した収入のある会社員に戻ることを考えたりするようになりました。

では、次のCさんのケースはどうでしょうか？　Cさんは会社員として月に25万円を稼いでいます。貯金は10万円です。ところが、占いの副業でお給料の他に月5万円を稼いでいます。Cさんは、その5万円のうち半分を生活費に、残りの半分を貯金と投資信託の購入に充てています。

Cさんの貯金は確かに多くはありませんが、「貯金がない」と悩んだことはないそうです。「1年後には貯金が2倍になる」「投信も値上がりするかもしれない」「大好きな占いを生涯続けていきたい」とワクワクが止まりません。Cさんは、最近、さらに〝占い師養成講座〟を始め、新しい入りのフローを増設しました。そこから得たお金は全額、インデックスファンドへの投資に回しているそうです。

フローが1本だから不安になる

前述のAさん、Bさん、Cさんは、それぞれフローを維持しています。ところが、フローが1本で貯金が増えないAさんと、年々貯金が減っていくBさんには漠然とした将来の不安があるのに対し、**小さくとも持続可能な入りのフローを複数持っているCさんには、心のゆとりがあるように見えます。Cさんは、フローの数を増やす力を身につけているため、現在のお金の量よりも、将来のお金の量に関心を向けることができ、希望を持つことができているのです。**

過去数十年間、お給料が上がらず、思うように備えができなかった人でも、まず〝入りのフローを増設する〟ことに取り組めば、将来の不安を払拭する第一歩になります。

リスクのある転職や、疲弊する節約よりも、**〝入りのフロー〟の数を増やすことです。**さらに言えば、そのフローは、アルバイトの掛け持ちのような〝持続不可能〟なものではなく、**細くとも長く続けられる、生涯現役でいられる〝楽しめるフロー〟**が理想です。

会社員であれば、65歳までは、お給料という軸となるフローを持っています。小さくても構いません。そこにもうひとつのフローを追加することから始めてみましょう。やる気さえあれば、誰にでもできることです。

まずはこの形からチャレンジ

次のページの図をご覧ください。お給料以外の蛇口（入りのフロー）の数を増やした一例です。この例では、従来のお給料は生活費と預貯金に当て、新たなフローから得た資金を、たとえば（積み立て）NISAなどの投資のための資金に回しています。

もし、あなたが今現在、お勤めの会社からのひとつのフローで、生活費や預貯金、iDeCoやNISAなど将来への備えのすべてをまかなっているとすれば、このような複数の入りのフローを持つことの意義がわかるはずです。役職定年でお給料が減ってしまっても、定年で0円になっても、新しいフローがお金を生み続けてくれるとすれば……、どれだけ心が安定することか。

今からでもフローを増設する大切さが身に沁みれば、あなたの頭はもうフロー思考に切り替わっています。今さら借金は怖いですが、前述のように、1本のフローに頼り、小さなストックを減らないように守っているだけでは、将来不安は消えません。私たちにも実現可能な、小さなことから始めるフロー増設に取り組みましょう。そして、そこから得た資金で、次の展開を探っていきましょう。

まずはこの形から

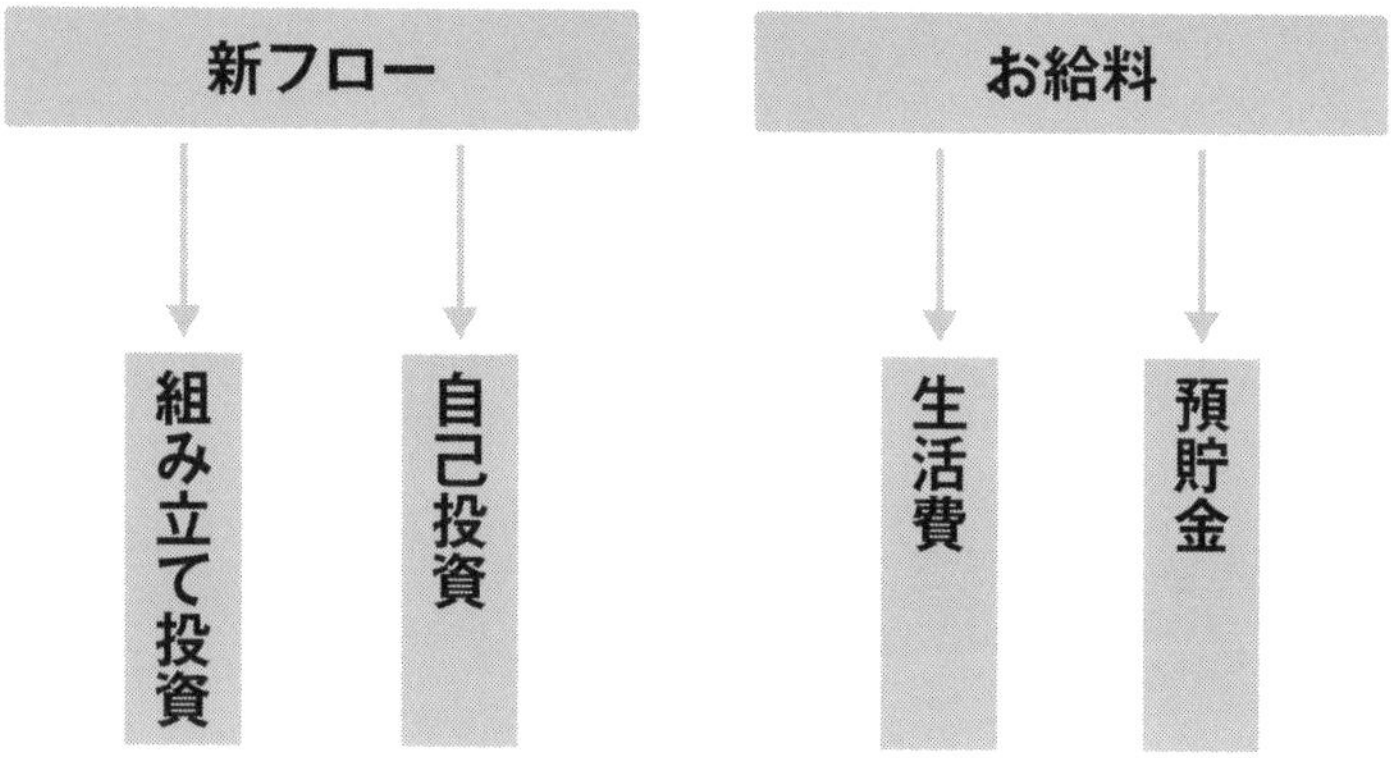

お金の時間価値を知ろう

フロー思考になって、将来のお金のことを考える上で、皆さんにぜひとも学んでいただきたいことがあります。それが、「お金の時間的価値」です。

お金にはさまざまな価値がありますが、お金には〝時間的価値〟というものがあります。これは、超簡単に言ってしまえば、今日の1000円という お金と明日の1000円というお金の価値は全く違うという話です。

普段生活していると、あまり気づかないことなのですが、フローを増やしたい時に必要になる考え方なので、覚えておきましょう。

仮に皆さんに借金があるとしましょう。いくらでもいいです。たとえば、100万円借金があるとします。その借金をすべて今日、返済しなければなりません。しかし、手元には100万円はありません。

ところが明日には、その借金と同額のお金である100万円が入ってくる予定です。しかし、明日、お金が入ってくるといっても、今日はお金がありませんので、借金を返すことができません。

ここが重要なのです。仮に、「100万円を110万円にして返すなら、今すぐお金を貸すよ」という人が現れたら、借りる当てがないあなたは、その人から100万円を借りて、今日100万円の借金を返すことができますが、明日以降、110万円を返さなくてはなりません。10万円も借金が増えてしまったのです。もし、闇金ウシジマくんみたいに、「明日、200万円にして返すなら貸してやる」という人しかいなかった場合はどうでしょうか？　あなたの選択肢は、100万円の借金を返すために、今日100万円を借り、明日以降に200万円を返すしかないのです。

さて、考えてみてください。今日のお金の価値と明日のお金の価値の違いです。今日、100万円が手元にあれば、そのお金は100万円の価値だったはずなのです。しかし、今日100万円を持っていなかったばかりに、ウシジマくんから200万円を借りてしまえば、明日もらえる100万円の価値はマイナス100万円になります。

もちろん、これは極端な例なので、実際にはこんなことは起こりませんが、拡大して言うと、お金の価値は、そのお金が必要になるタイミングに合わせて変わるということになります。

ストックが小さく、必要なタイミングで必要なお金を準備できない時には、お金を借りることになります。借りたお金には、少しずつ利息や手数料が加算されます。もちろん、借金自体は悪いことではありません。たとえば、不動産投資を始める場合には、自己資金の何倍ものお金を借り入れることが多くなります。ですが、利息や手数料以上に入ってくるフローがあれば、何も問題ありません。

しかし、生活や娯楽のために、お給料以上のお金を使ってしまい、その埋め合わせのために借金をする場合には、お金の時間的価値はマイナスに働きます。借りては返す、そんなことをやっているうちに、借金が膨れ上がり、人生設計も狂ってしまいます。

大きなストックを持たない私たちこそ、お金の時間的価値がマイナスにならないよう意識しておくことが大切です。

お金持ちはお金の時間的価値をプラスに回す

ちなみにお金持ちは、当然のように時間を味方につけています。今使う必要のないストックを投資に回し、時間をかけて増やし続けているのです。お金を借り入れた場合でも、その資金を使って、利息や手数料以上に入ってくるフローを構築しているので、時間的価値がプラスに働くのです。

２０２３年7月、ＳＢＩ新生銀行が5年ものの定期金利を０・４％に引き上げました。ゼロ金利政策が続いている今、金利を０・４％に引き上げるとは、かなりの思い切った経営です。

ですが、一般的な会社員にとって、このニュースはそれほど嬉しいものでもないでしょう。仮に１００万円を預けたとして、5年間で税引き前利息2万１６０円、税引き後利息1万６０６４円です。この金額を見て、あなたはどう思いますか？「5年間１００万円を預けて、たった2万円か」と思いますよね。

しかし、これが１０００万円預けるとしたら、利息は10倍の20万円になります。１億円ならば、１００倍の２００万円です。今使う必要がないお金をたくさん持っているほど、より高額なお金が集まってくるわけです。

では、一般的に、私たちに、5年間1000万円を一切、手つけずに預けておく余裕があるでしょうか？　20～30代のうちから準備していれば別ですが、40代にもなれば、転職でお給料が下がってしまったり、病気で休職したりする可能性がゼロとは言い切れません。子どもの教育費で急にお金が必要になる可能性もあります。

ストック思考のまま、お給料から支出を削って捻出したわずかなお金を貯金し、少しの投資信託などを買ったとしても、得られる果実はわずかなものです。少なくとも500万円や1000万円ぐらいの元金がなければ、将来も安心できるレベルのリターンを得ることは難しいでしょう。

しかし、フロー思考で、収入源を増やすことを考えたら、どうでしょうか？　**後で詳しく話しますが、毎月5万円程度の新たな収入源を持つことは、それほど大変なことではありません。1000万円をSBI新生銀行に預けて、5年後に2万円を得るのも良いのですが、その1000万円のうち、たとえば20万円を元手にして月5万円以上を得られるフローを構築するのも、おもしろい選択ではありませんか？**

その新しいフローから得たお金を生活の足しにし、さらにフローを増やして、今使う必要のないストックを増やしていけば、億を稼ぐことも不可能ではないのです。

お金の流れを増やす理由

ストック思考で貯金を増やそうとするよりも、フロー思考でお金の流れを増やすことに力を入れるのは、近い将来に想定される増税や、確定事項である年金の減少、受給開始年齢の引き上げなど、先行き不透明な世の中だからという事情もあります。まずは〝自助〟だということです。

総務省の2022年の調査によると、全雇用者に対する非正規雇用の割合は36.9%で、2010年以降増加が続き、2020年以降は減少に転じましたが、2022年に再び増加しています。現状、実に4割近くが、派遣社員や契約社員として働いているのです。

今、毎月決まった収入が入る正規雇用社員の人は、今後も安定した収入が得られる可能性は高いですが、非正規雇用社員であれば、いつ契約を切られてしまうかはわかりません。それでも、家賃や光熱費、食費など、決まった支出はそのまま残ります。収入の柱が1本だけでは、そのような環境変化が起こるたびにストックが目減りし、逆転することが難しくなっていきます。

今は多くの企業で、人材確保のために正規雇用を増加させる傾向が見られますが、前述の通り今も4割が非正規雇用であり、その約半数が正規社員として働ける会社がない、家庭の事情で働くことが難しいなど、やむをえず非正規で働いていると言われることから、未だ多くの人が不安定な状況で日々仕事をしていることになります。また、これからは高齢化も進み、正社員であっても役職定年でお給料が激減する人や、嘱託社員になって低賃金で働く人も多くなるでしょう。十分な蓄えがあれば良いのですが、物価が上がり続ける今、「老後2000万円」では足りないでしょう。しかし、給料以外の入りフローがあれば、問題なく対応できるはずです。

老後2000万円問題にどう対処するか？

40代以降の人は、老後2000万円問題について気にしている人が多いかもしれません。老後2000万円問題とは、「老後30年間で約2000万円が不足する」という令和元年に金融庁が公表した報告書から始まった議論で、夫65歳以上、妻60歳以上の無職世帯では、毎月約5.5万円の生活費が不足し、平均寿命である20〜30年間で計算すると、約1320万円から1980万円足りないという試算に基づいています。

この試算が正しいのかどうかは別にしても、公的年金だけでは足りないことは確定事項ですので、早めに老後資金を貯めようということなのですが、前述のように、今後の物価上昇も加味すると、会社からのお給料だけでは、もはやどうにもならない状態になりつつあると言えます。

まず、会社員の退職金給付制度を持っている会社が減っています。厚生労働省の2018年の調べでは、80・5%です。2008年は83・9%、2003年は86・7%であり、減少傾向であることがわかります。また、りそな年金研究所の2020年の調査によれば、少なくとも20・9%の中小企業には退職金制度がないという結果も示されており、穏やかではありません。

退職金制度がある会社でも、退職金そのものが20年間で1000万円以上も減っていると言われており、転職回数が多い人はさらに少なくなります。ひとつの会社に長く勤めて、退職金と年金で老後豊かに暮らすという昭和モデルは、今や幻想と言ってもいい状態です。

そのような状況にあって、どのようにストック（預貯金）を増やせるでしょうか？ちなみに、金融広報委員会2022年の調査では、1000万円以上1500万円未満の金融資産（株式なども含む）の保有割合は、30代で1人暮らしでは、6・8％、二人以上世帯で8・7％、40代では1人暮らしで12％、二人以上世帯で10％、50代では1人暮らしで7・7％、二人以上世帯で11・6％、60代1人暮らしで9・2％、二人以上世帯で10・9％しかいません。たった1割ぐらいしかいないのです。9割の人は、老後安心できる金融資産を持っていないことになります。

資産がない状況で、どうやって運用をするのでしょうか？　お金の運用を勧める情報には常に、「少額から始めてみよう」と書いてあるのですが、少額からスタートしても、少額の利息や配当しか得られません。「備えを始めた感」から、多少気分は変わるのかもしれませんが、現実には何も変わっていないと言えます。

それよりも、給料以外の新しい収入の柱を作り、そこから得た資金で、備えや次の一手を講じる方が、よほど安心につながることでしょう。

1000万円を倍にするにはどうすればいいのか？

ここで72の法則を使って、資産を倍にするには、どのくらいの利回りで運用すればいいのか考えてみましょう。72の法則とは、複利で運用した場合、お金が倍になる期間がわかる公式のことで、72割る金利＝お金が倍になる期間のことです。

仮に40代の人が1000万円を定年までの20年で倍にするとしたら、およそ年利3・6％の運用が必要になります。これは、2023年6月に、米Apple社がゴールドマン・サックスと組んで提供を始めた普通預金サービスの年利4・15％で運用すれば何とかなりそうですが、規約で、「いつでも金利を変更できる」とされているため、果たしてどうなるかはわかりません。

50代の人が1000万円を定年までの10年で倍にするとしたら、7・2％で運用しなければなりません。約7％で運用をするとしたら、元本の保全性の高い商品では難しく、ある程度のリスク商品も投資対象に含める必要が出てきます。50代を過ぎてからお金を増やしたい場合には、運用期間が短すぎるため、資産運用だけで目標を達成することはかなり難しいと言わざるを得ないでしょう。

では、どうすればいいのか？　やはり、少しでも収入を増やすことを考えることでしょう。生涯現役で働く前提で、今の自分にできることを始めることです。定年後に認知機能が低下することを防ぐために、運動したりパズルを解いたりする人も多いですが、そんなことよりもビジネスの第一線で活躍し続ける方が、よほどイキイキと過ごせますし、収入もあって一石二鳥です。

ストックは急に増やせない

市場にはたくさんの「お金の本」が出回っています。それらの本の多くは、そもそも、300～500万円といったタネ銭を持っている人向けに書かれています。たとえば、少し前に流行ったFIRE（早期リタイア）をするためには、資産運用のスタート時に数千万円という資金を持っていることが前提になっており、平均的な会社員には敷居の高いチャレンジといえます。

「お金を持っていることが前提ではない。借りて、不動産のような〝お金を生み出す装置〟を購入し、それで資産を増やすのだ」

確かにそうなのですが、「わかっちゃいるけどできない」「なんとなく怖い」。それが多くの人にとっての現実だろうと思います。**貧乏思考と言われても、できないものはできないのです。**

株や仮想通貨などのギャンブル性の高い投資も同様です。多くのノウハウ本がありますが、結局のところ、元手の小さい個人が勝てるものではありません（だからお給料をぶっこむのは怖い)。積み立ても元手が小さければ、大した儲けにはなりません(だからフローの数を増やす)。

不動産投資は、さらに高い専門知識、情報が必要になります。ブローカーは手数料を得るために、大きな元手を持っている人に優先的に情報を渡します。大きく始めれば最初からリターンが見込めることは明らかですが、人から借りたり、金融機関から融資を受けたりする必要もでてきます。

あなたには、今から、そのリスクを引き受ける勇気、覚悟がありますか? そして何より、**自分の足で情報を集めることができますか?** ブローカーは、売りたい物件の情報しか出してくれません。良いものなら、その人が自分で買いますから。

私たちには、大小あるにせよ、不労所得に対するあこがれ、願望があると思います。「資産に投資してお金を増やしていく」「自己資金は使わない」、そんな言葉はとても魅力的に聞こえます。事実、本当のお金持ちは、そのようにして富を築いています。労働でもなく、不安定な事業でもなく、不動産などの資産がお金を増やしているのです。その〝金の卵〟から得たお金で、好きな事業をしている人もたくさんいます。

ですが、当たり前ですが、専門家ではない人にとって、**その〝金の卵〟を見つけることが簡単ではないのです。** もちろん勉強すればいいのですが……。少額からできる株式投資も、売買差益（キャピタルゲイン）狙いの単発トレードでは、ほとんどの個人は負けてしまいます。勝てる可能性があるとすれば、配当（インカムゲイン）狙いの長期保有になりますが、そのためには、元手となる「しばらく使う予定のない、なくなってもいいお金」が必要になります。

多額の資金を借りるのが怖い人、余裕資金のない人、40歳を過ぎて老後の備えを始める人、そんな人は、まずは、**フローの数を増やす本から読んでみてください**。すぐに一発逆転することはできませんが、最初の一歩までの時間は短くすることができるはずです。「わかっちゃいるけど、できないんだよなぁ」のままでは、事態はさらに手遅れとなり、悪くなる一方です。

焦りは禁物！　世の中はストック思考を助長する儲け話や詐欺ばかり

世の中、景気が良くなってくると、詐欺のニュースが増えてきます。ここでいう詐欺とは、投資やビジネスのチャンスという名目で、リスクなしで確実に大きなリターンが得られるという話を持ちかけることを指します。

たとえば、「貯金をそのまま銀行に預けていても増えないし、どうにか増やせないかな」と考えたことがある人もいると思います。仮に1000万円あれば、「半分くらいは投資してもいいかな」と思うかもしれません。損失を覚悟で株やFXをしているうちはいいのですが、「その500万円を私に預ければ、●●国の事業に投資して、1年で倍にして返します」などと言われて、コロッと騙されてしまう人がいるのです。お金が消えただけならまだマシで、返せるアテのない借金が残ったなど、目も当てられないケースもあります。

「収入のない人が億り人になれるチャンスは、この投資しかない」
「今、この投資手法が流行っている」
「10年後は何百倍にもなっている」

「ＡＩがお金を運用するから、儲かるのはほぼ間違いがない」

フロー思考で収入を作れる私たちには、こんな話は通じるわけもありませんが、こんな話には要注意です。


投資で楽に儲けるという話は、確かに魅力的です。私も、目が＄マークになり、頭がクラクラするような投資話を、何度も聞かされたことがあります。

ですが、そこは冷静になってください。余裕資金であっても、ただ失うことはあってはなりません。しっかりと見極めることが必要ですが、正直、それができれば詐欺など起こらないのですから、見極めようなどと思わずシンプルに無視することが一番です。そもそも、仮に５００万円程度を投資したとしても、大したリターンにはなりません。投資のプロは、動かす元手の桁が違うのです。

出遅れたら〝金の卵〟は買えないかも!?
でも〝銀の卵〟は手に入る

ここまでお話してきました通り、出遅れた人は焦らず、まずは手堅く、入りのフローを増設してください。そのお金の流れから、次の展開を考えましょう。

「そんな小さな原資じゃ、大したリターンにならないと言ったじゃないか」。そう思われるかもしれません。確かにその通りです。**ここで大事になるのが、2段目のフロー〝銀の卵〟の構築になります。**

〝銀の卵〟とは、増設したフローが自走するように仕組み化することを意味します。

銀の卵をつくる

銀の卵とは、「あなたがいなくてもお金が流れる仕組み」をつくることです。詳しくは次章でご説明しますが、いわゆる金の卵が、不動産などの資産に働いてもらって稼ぐことを意味するならば、銀の卵は、仕組み、システムに働いてもらって稼ぐことを意味します。**自ら働いて報酬を得るのではないことは、どちらも同じです。**

「それは時間の無駄。先にローンで〝金の卵〟を買うほうが早いよ！」。確かにその通りなのですが、怖くていつまでも検討や先送りをしているよりも、さっさと一歩踏み出せる策を選んだほうが良いのではないでしょうか？

そこで、「じゃぁ、銀の卵が何か、どうつくるのか教えろ！」、そんな声が聞こえてきそうです。詳しくは後で解説しますので、まずは、あなたなりの「フロー増設の設計図」を、ざっくりイメージしておいてください。

銀の卵を作る

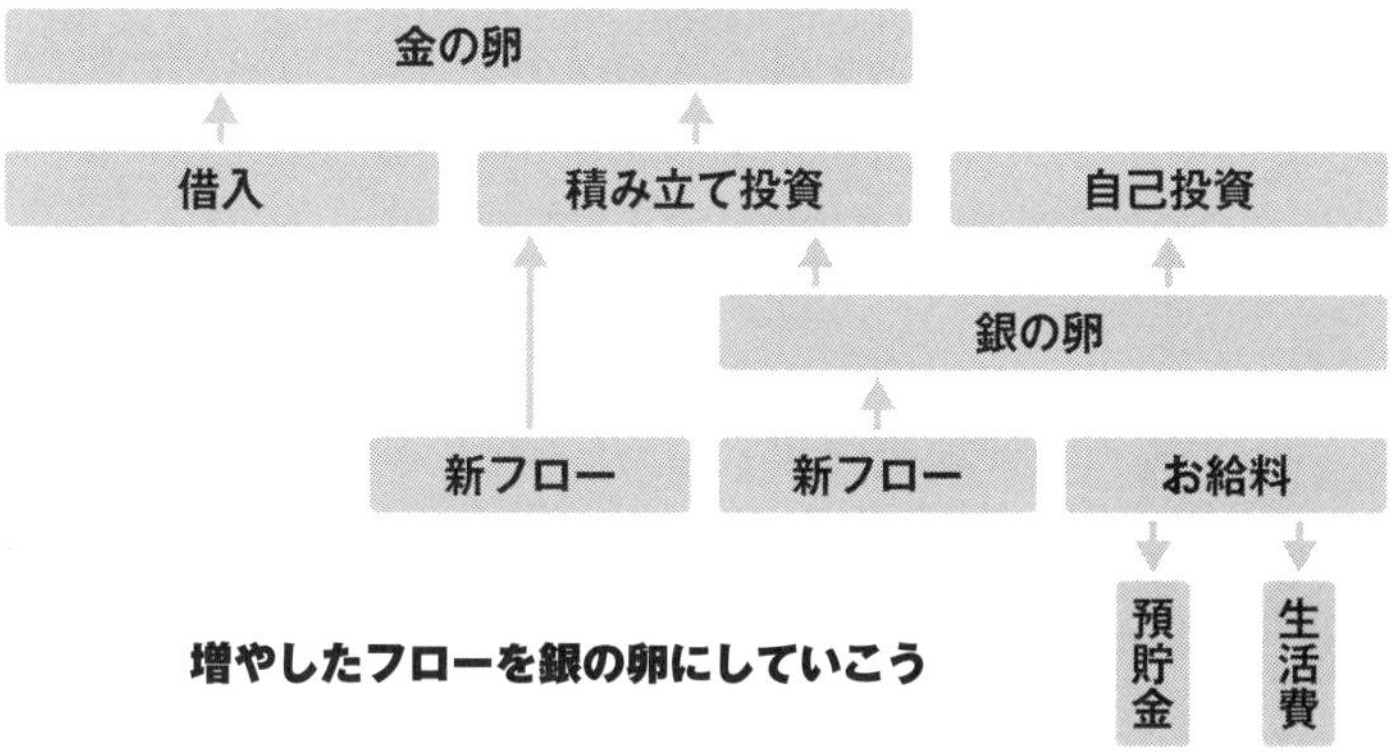

増やしたフローを銀の卵にしていこう

フローを増やしてお金を流す。1億円への第一歩

ところであなたは、毎月のお給料からいくら貯金していますか？　その節約してひねり出したお金で、将来への漠然とした不安の根本は消えましたか？

どれだけ節約しても、捻出できる額は知れています。娯楽も楽しめなければストレスもたまってきます。不安を解消するには、生涯、今のレベルを維持した生活ができる収入が見込めること、自分が老いたり、仕事がなくなった場合でも、病気になった場合でも、人に迷惑をかけずに生活できる見込みが立つことが大切です。

つまり、将来の備えに出遅れた人の経済的不安は、複数のフローを増設し、ストックが積みあがっていく仕組み（ポートフォリオ）を整えることによってのみ解決します。

毎月のお給料を増やすことは大変なことです。転職してお給料が上がればラッキーですが、その分、仕事が忙しくなってメンタルもきつくなってしまったのでは笑えません。また、ひとつの収入源への依存度が高くなるほど、潜在的な不安も増大します。大切なのは複線化、そして、リスクの分散です。

では、具体的にはどうしたらいいのでしょうか？　**その答えは「起業」することで**

す。起業と言っても大したことではありません。あなたがイメージしている1／100程度の大変さです。ですが、大したことはないとは言っても、**当面、会社員は続けてください。**私のイメージでは、この先、最低でも1年半～2年です。その間に、新しい入りのフローを量産します。そして、そこから得たタネ銭で〝銀の卵〟を構築し、短期間でストックを形成しましょう。

例を挙げてみましょう。関西の企業に勤めているSさんのお話です。彼は電気系エンジニアですが、その技術知識を活かし、副業で中古家電の修理業を始めました。Sさんは、ネットオークションの仕組みを上手に使いこなし、順調に売り上げを伸ばしていきました。

Sさんは次に、彼の修理技術を仲間に伝え、彼が修理をしなくてもいい体制をつくりました。さらに、修理依頼の受付や発送をアルバイトさんに任せることで、**業務フローの中にSさんの仕事が組み込まれていない状態をつくったのです。**これが彼にとっての〝銀の卵〟になりました。

Sさんは本業からの収入はしっかり確保した上で、自らのビジネスから入ってくる所得を株式投資に回し、さらなる経済的安定を図っています。目標の資産1億円の達成は目前です。

千葉のMさんは、増設した入りのフローで得た資金を新規事業に回し、さらに大き

Mさんのフロー増築の設計図

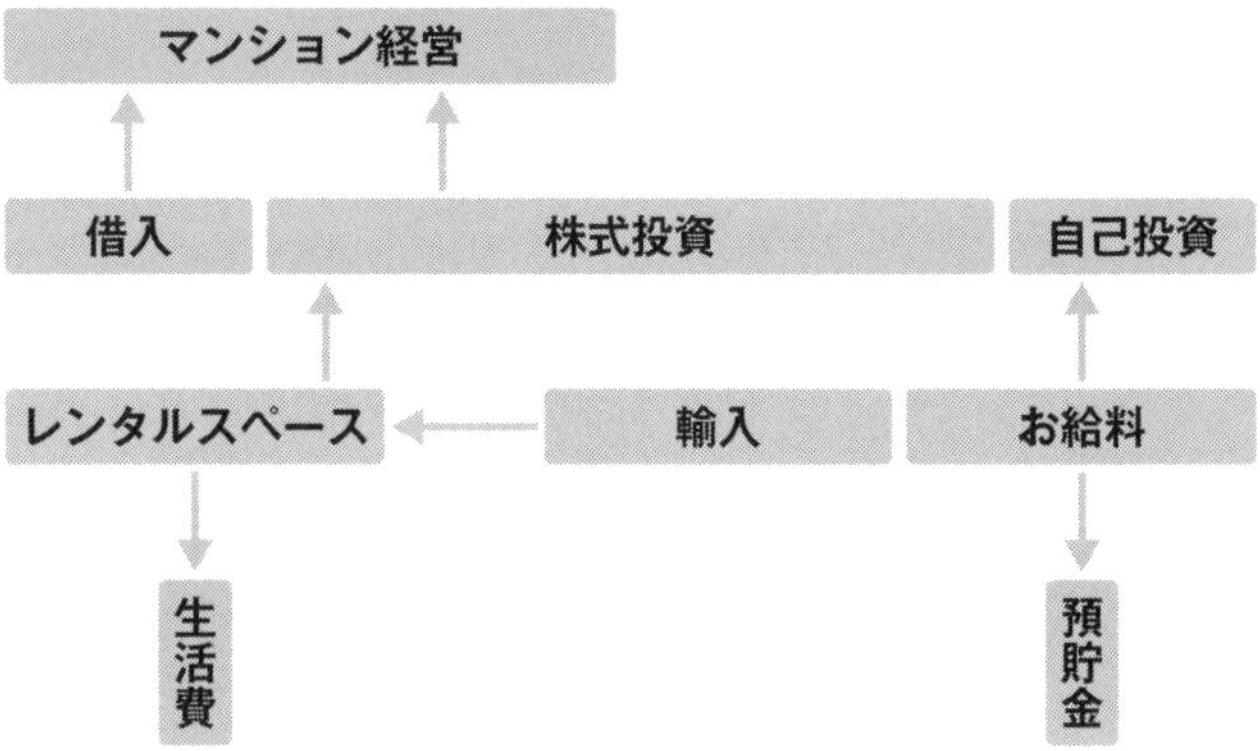

な利益を得ることに成功している会社員です。

マーケティングの専門家として地元企業に勤めるMさんは、新しいフローとして、中国の商品仕入れサイト〝アリババ〟から商品を調達し、日本で販売する輸入ビジネスを始めました。品質問題や、税関トラブルなどさまざまな試練を乗り越え、開始1年を経過し、平均30％ほどの安定的な利益を得ることができるようになりました。

Mさんは、そのフロー増設で得た資金を元手に、レンタルスペース事業を開始。これが彼にとっての〝銀の卵〟です。物件の家賃を輸入販売から得た利益で支払い、さらに利益を出しています。

どちらの事業も外注業者や管理会社と契約することで、Mさん1人で回すことができ、労働集約型ではない（売上と忙しさが連動しない）ことから、この先の事業拡大が見込めます。いよいよ彼の目標とする〝金の卵〟である「マンション一棟買い」も視野に入ってきました。

Mさんは現在、レンタルスペース事業から得た所得で生活費を賄い、本業の会社からもらうお給料は、全額、貯金に回しているそうです。

フロー（収入源）を増やせば不安が消えるが〝条件〟がある

ここまでお話ししてきましたように、自分の力で〝入りのフロー〟を増やすことができれば、**自らを、そして大切な家族を、お金の不安から解放する第一歩**になります。そして、預貯金が減れば落ち込み、増えれば喜ぶストック思考から、お金の流れを増やし、お金を滞留させないことを意識するフロー思考へと、思考を変えることができるのです。

そこで、「まずはフローを量産！」といきたいのですが、いくつか注意点があるので、ご紹介しておきます。

①複雑なものにしない

ようするに〝稼ぐ〟のですから、単純に「安く仕入れて高く売る」だけです。戦略、事業計画などと構えて、難しい言葉を並べても何の意味もありません。

②お金をかけ過ぎない

最初はうまくいかないかもしれません。途中で飽きてしまうかもしれません。大量に仕入れたり、自分にとって大きな設備投資をしたりすることはご法度です。

③労働集約型にしない

本業のお仕事が終わってから、夜中までもうひと仕事。週末も朝から晩まで必死にアルバイト。それでは、心も体も疲れ果ててしまいます。

いかがでしたか？　入りのフローを増やすと言っても、**何でもいいわけではありません。間違ったやり方で増やしてしまうと、忙しくなるばかりで、「こんなやり方で良いのだろうか？　続けられないよな」と、ますます不安になってしまいます。**

ここで、私の身近にいた2人の会社員のお話をしましょう。

毎月のお給料が少ないと感じている、まもなく2人目のお子様が生まれそうなKさん。都内の中小企業でクレーム処理の仕事を担当しています。直接部門と異なり、明確な数字が出にくい、むしろ「対応が悪い」など、ネガティブ評価のほうが先行する部門であるためか、社内の評価制度がうまく機能せず、賞与や毎年の昇給はとてもゆっくりペースです。

Kさんは仕方なく、週2～3回、会社帰りにファストフード店でアルバイトを始めました。はじめのうちは、新しい仕事を楽しみながら頑張っていましたが、年齢の若いアルバイトの人たちに囲まれ、精神的にも体力的にもつらくなってしまい、本業の仕事に支障が出るようになってしまいました。

一方で、同じく都内の中小企業に勤めているSさん。この10年、お給料はほぼ横ばい。40代になり、将来に不安を感じていました。そんなSさんには、地域の活動を通じて、外国人の方々との交流がありました。Sさんは彼らに、「何か一緒にできることはないかな？」と相談してみたところ、彼らの知人の会社経営者を紹介されました。そして、交流を続けていくうちに、その会社の社員の日本語教育、そして、彼らの商品の日本国内でのネット通販の管理業務を任されることになりました。

Kさんも、Sさんも、新しいフローとして本業以外の仕事を始めたことに変わりありません。ですが、Kさんはアルバイトという雇用契約であり、時間的な拘束が長く、自由度の低い仕事をしている一方で、Sさんは、事業主としての業務委託契約で、拘束時間も短く、オンラインで済ますことができる仕事をしています。よって、自由度が高く、負担も比較的小さく済みます。

同じようにフローを増やしたつもりでも、**働き方、やり方によって〝持続可能性〟が大きく違ってきます**。先の3つの条件をクリアできる、持続可能なフローを考え、最初の一歩を踏み出してみましょう。

そして〝銀の卵〟では、その3条件に加えてさらに、「あなた自身をリストラすること」が条件となります。あなたが現場にいなくても仕事が回り、お金が流れる仕組みを構築するのです。こう言うと難しく感じるかもしれませんが、ようするに、自分以外の人に動いてもらう〝アウトソーシング〟と、LINE公式アカウントやチャットボットのような〝自動システムの導入〟です。それが、銀の卵を構築する際の基礎になります。

chpeter

2

お金の流れをつかめる人、つかめない人

お金が手元に〝留まっている〟ことで安心するストック思考。逆に、お金が〝流れている〟ことでワクワクするフロー思考。捉え方によっては、フロー思考は〝お金にがめつい思考〟のように感じるかもしれません。

ですが、実際は逆です。フロー思考の人たちは、たまに口座残高を確認して、「あれ？　思ったより増えているな。早く流さないと」と思ったりします。**残高不足にならないために日々通帳を確認する、などということはしません。**お金に執着する必要がないからです。

では、どうすれば、このようなフロー思考の人、つまり、「お金の流れをつかめる人」になれるのでしょうか？　また、どうすると、お金の流れをつかめず、いつも「残高を気にしなければいけない人」になってしまうのでしょうか？

たとえば、こんな対照的な2人がいました。

Iさんは、小さな印刷会社に勤める会社員です。スマホアプリを使って、毎月の収入と支出をざっくりと把握しています。また、Iさんは、**趣味の車を活かしたブロガー&YouTuberとして、お給料以外の入りフローも構築中。追加の収入を老後に備えた積み立て投資に回しています。**

Iさんの特徴は、証券口座以外に、銀行口座を5つも持っていることです。ひとつは生活費用、そして、お子さんの教育資金用、家族や自分の娯楽用、税金用、そして、緊急用と、お給料を分散して貯めています。

もうひとりのTさんは、某メーカー資材部門の会社員。**Tさんは、毎月のお給料が入ると、それを飲み代やたばこ、趣味のパチンコで消費してしまいます。**月末にお金が底をつくまではいきませんが、馴染みの飲み屋さんからもらっている白紙の領収書を使って……なんてことも。

Tさんは、たまに、仲間内で「買い」とウワサの株を単発で買うことはありますが、計画性はまったくありません。給与以外の収入といえば、白紙の領収書と取引先からの袖の下、接待など（汗）です。

この2人のどちらが良い人生なのか、私にはわかりません。もしかすると、ある意味では、Tさんも、「お金の流れをつかんでいる人」なのかもしれません。しかし、「悪銭身に付かず」とも言いますし、**持続不可能なフローは、増やしても苦しくなるばかりです。**

この章では、持続可能なお金の流れをつかめる人、つかめない人の2つのパターンについてご紹介します。

「起業」でお金の流れは加速する

私は普段、「起業18フォーラム」というコミュニティを通じて、会社員のまま起業準備を進める皆さまをサポートしています。そして、私自身は、お金持ちになることよりも、「自分らしく笑顔で」「仕事を楽しく幸せに」ということを目指しており、「自分にできることで、人や社会に良いことをして、人並みに生活できればいい」、そんな風に考えている人間です。

この度、ご縁をいただき、このような「お金の本」を書かせていただくことになり、この「お金持ちになる方法業界」を眺めてみると、大きく3つの派閥に分かれていることを知りました。実際には、もっと複雑なパターンがあり単純化はできませんが、どの派閥を見ても、「お金持ちになるにはこれしかない」と言っています。

ひとつめの派閥が〝**①増やす派**〟です。乱暴にまとめると、「チマチマ稼いでも時間がもったいない。さっさと大きな資金を調達し、お金を増やす資産を購入せよ。そのインカムゲインで好きな事業をやれ」という考え方です。

もうひとつの派閥は〝②稼ぐ派〟です。「まず事業でタネ銭を稼げ。稼いだ分を投資に回せ。そして、借り入れもしながら自分の事業を育てよ。価値が上がったら売却してキャピタルゲインを狙え」という考え方です。

3つめの派閥が〝③放っておく派〟です。「時間を味方につけよ。毎月決まった額を自動的に積み立て投資に回し、存在すら忘れて仕事に励んでおけ。気が付けば老後資金くらい貯まっている」という考え方です。

私の個人的な考えでは、〝①増やす派〟が、いわゆる富裕層思考の王道、正解なのだろうと思います。ですが、先述のように、「わかっちゃいるけど、怖いのさ」という人が多いのではないかと思います。

次の〝②稼ぐ派〟が、いわゆる起業家精神の王道、正解なのだろうと思います。ですが、これも、「わかっちゃいるけど、できんのよ」と言いたい人は多いでしょう。

そして〝③放っておく派〟が、多くの会社員、私のような凡人が選ぶ道だと思います。そして、これは、「やっているけど、なかなか貯まらんし、老後2000万円に間に合わんのよ」、あるいは、「回すお金がそもそもないのさ」、そんなところだろうと思うのです。

ですので、**私は、今から始める人には、「〝稼ぐ〟と〝放っておく〟の中間をやって**

みては？」と言いたいのです。私の経験では、怖い、自信がないといったメンタルブロックは、個人で大きな金額を扱うこと、借入を伴うこと、などに主たる原因があることが多いです。実際は〝①増やす派〟の言う通り、「自分で働くのではない。資産が生み出すインカムゲインで借金を返すのさ」が事実なのですが、そうだろうけど怖いものは怖いですよね。

ですので、ここをバサッと切り捨てて、時間はかかっても、まずはタネ銭づくりから始めようということです。1～2年頑張ってフローの数を増やし、銀の卵の構築まで持っていきましょう。持続的にお金が増えていく道筋が見えたら、資産（金の卵）の購入や、そのための借入の検討をしてみましょう。その時には、「数千万円とかは無理だけど、短期で多少なら……」と、ある程度のリスクを容認できるメンタルが育っているはずです。

どんなに小さくても、**自ら入りのフローを増やせる人は、お金の流れをつかむことができる人といえます。**フローを増やすとは、タネ銭づくりのための小さなビジネスを起業すること。つまり、小さな売り買いを始めてみることです。小さな売り買いを始めることで、臆病な人、安定志向の人、タネ銭のない人、出遅れた人でも、1億円稼ぐ道を挽回することができます。

お金の流れをつかめる人、つかめない人

「まずは、小さく起業してみればいい。それはつまり、小さな売り買いを始めること」。今はこれだけ理解しておいてください。お金の流れをつかめる人は、最初から事業計画とか、商品企画とか、マーケティングとか、難しく考えません。「当面は借り入れしない」と決めたのなら、大したことはできませんから安心してください。

お金の流れをつかめる人は、「小さな売り買いを始められる人」です。それはつまり、「どこから、どこにお金が流れているのかがわかる人」ともいえます。起業とは、「お金の流れているところに行く」という〝陣取りゲーム〟のようなものだからです。

そこに、金銭的リスクを取ってショートカットして行くか、時間的リスクを取って行くか、その答えは、やる人の性格や適性によって変わってくるでしょう。お金のある人や、大金を扱うことが怖くない人は、躊躇なくショートカットすべきですし、逆の人は、多少の時間と労力を覚悟して一歩前に進む方法もあります。アプローチは異なりますが、どちらのやり方でも、お金の流れをつかめる人になれます。

逆に言えば、お金の流れをつかめない人とは、「小さな売り買いを始められない人」です。それはつまり、「お金を手元に置いておくことを優先する人」ともいえます。**人にお金を使わないので、自分にも使ってもらえません。**自分自身や資産に投資しないので、お金を増やす機会を失っているのです。

そのような人は大概、無料の情報ばかりをあさって、自分の得ばかりを優先し、人のために動く視点が欠落しています。よっていつまでもお金が流れている場所に気づけないでしょうし、教えてもらえることもありません。

お金の流れをつかめる人は、「お金が流れている場所がわかる人」です。では、その「お金の流れている場所」とは、一体どこなのでしょうか?

私は起業について、書籍、YouTube、講演会など、さまざまな場所で発信していますが、「起業に大事なのは思いやり」と言い続けています。マーケティングや資金調達などのややこしい話よりも、もっと大切なことと認識しているからです。

ここで言う〝思いやり〟とは、「困っている人を助けたい」「社会の歪で苦しんでいる弱者を救いたい」という気持ちのことです。そのような他を利する視点でもいいですし、「自分が苦しんだのだから、同じような人がいるはず」という、そんな視点でも大丈夫です。ただ、大それたことはできませんし、持続可能にするためにも、きちんと対価を頂かなくてはなりません。

「今の自分にできることで、この人の、この問題を何とかできないか？」

その、「この人の、この問題」を意識して、今日1日を過ごしてみてください。いつもと違う景色、情報が脳に飛び込んでくると思います。そこが、お金の流れている場所である可能性は高いです。


ここで、ひとつの例をご紹介しましょう。

逆転営業アカデミーの木村さんは、営業として商談をするところまでは行けるけれど、契約を取ることができない、そんな営業パーソンのための教育コミュニティを主宰しています。上司にハッパをかけられ、会議が嫌でしかたがない、そんな状況を何とかしたいと考えている会社員から、日々たくさんの相談を受けています。

木村さんは、独立するころにはトップセールスのひとりになっていましたが、営業職になりたてのころはまったく成果が出せず、苦しんだ挙句、左遷された経験もある苦労人です。

「今、苦しんでいる人がいる。自分が変われた経験を伝えたい」。木村さんはそんな思いから、ブログやYouTubeで発信を始めました。結果、たくさんの人々からアドバイスを求められるようになり、その活動を発見した研修会社からも声がかかり、継続的な社員研修の実施へと事業領域を拡げ、フローの数を増やしています。（逆転営

業アカデミー　https://gyakuten-eigyou.com/)

もうひとつ例をご紹介します。

Rさんは、初めて私とお話しした際、「絶対に起業したいです！」と力強く宣言されました。私がその理由をうかがうと、「年収1億円欲しい！」「自由になりたい！」「好きなことをして生きていきたい！」と、我欲のオンパレードでした。もちろん、私に対しての言葉ですので、世間一般に向けて発信する言葉とは違うと思いますし、頼もしい決意でもあります。とは言え、念のため、「それ、他の人に言っちゃダメよ」と、小さな声でアドバイスしておきました。

◎お金が欲しい
◎働きたくない
◎私が幸せになりたい

お気持ちはよくわかります。ですが、「なるほど、そうなんですね。頑張ってください」と受け流されてしまえば、誰の協力も得られなければ、お金の流れをつかむチャンスも得られないでしょう。もし、「今、●●で苦しんでいる人がいる。力になりたい！」という、そんなあなたであれば、「手伝いたい！」「取材したい！」「出資したい！」という人が集まり、**お金があなたの周りを流れるようになっていきます。**

私は、ここまで極端な話以外にも、独りよがりで小さな売り買いすら始められない人をたくさん見てきました。多くは、「会社でやらせてもらえないこと（会社の人・物・金・信用がないとできない大きなこと）」をやろうとする人だったり、「自分のやりたいこと（資格にこだわったり、需要を無視したこと）」をしようとする人だったりします。ちなみに、資格は、「その資格を得たい（勉強したい）人」は多くても、「勉強したあなたに（有料で）何かを依頼したい人」は少ないことが多いので、フロー増設に使う場合には注意が必要です。「習いたい」と「やってほしい」は違う需要ですし、皆が知っていることには価値がありません。

「小さな売り買いが発生している場所」を見つける

私たちが〝小さな売り買い〟をスムーズに始める際には、いくつかの注意点が存在します。最も大事な2つとして、

◎自分ひとりで始めること
◎お金の流れを生み出そうとしないこと（つかむ）

があります。「ひとりで始めること」とは、最初から社員やビジネスパートナーを持たないということです。社員は当然として、ビジネスパートナーも立ち上げ当初は必要ありません。意見や熱量、スピード感が合わず、お互い嫌いになって終わることになります。

「お金の流れを生み出そうとしないこと」とは、「需要をつくろうとしない」という意味と、「お金が流れている脈に乗っかる」という意味になります。どちらも、自分で一からつくる時間もお金もない、という理由からです。

では、世の中のどこにお金が流れているのか、思い出してみましょう。実際、一歩街に出ればたくさんの商店があり、そこに人が集まりお金が流れていることがわかります。ですので、たとえば何かの〝物〟を売ろうと思えば、そんなお店に置いてもらうことが基本になるのです。「当り前だろ！」と言われそうですが、実際は「お店（店舗）を持とうとする人」や、さらに、「誰も来ないネットショップを構築して商品を置く人」が、とても多いのです。

大切なことは、「今の自分にできること（店舗なんて持てますか？）」であり、「お金（人）が流れている場所に商品・サービスを置くこと」です。やるべき答えを言ってしまえば、理想の店舗を探し、「商品を卸させてほしい」と交渉すること、あるいは、多くの人が利用するネットショップ（Amazonやメルカリなど）に出品することになります。

「そこにお金の流れはあるか？」を常に意識し、リソースを配置するようにしましょう。

〝小さな売り買い〟の4つのタイプ

ではここで、その〝小さな売り買い〟には、どのような種類があり、どのような場所で見つけられるのかをご紹介します。

物の売り買い

いわゆる物品を受け渡しすることは、どこでも見られるフローです。書店やドン・キホーテで観察していれば、どんなものが売れているのか発見できるでしょう。ネット上でも、SNSのトレンドはもちろん、Amazonや楽天のランキング、メルカリやヤフオク！　の出品数を見て、売れ筋をチェックすることができます。

「物の売り買い」に使う商品は、自分でつくる、仕入れる、デザインだけを準備して売れたらプリントして送る無在庫販売など、さまざまな方法で準備できます。手づくり品ならSUZURIやCreema、Minneで、または、手っ取り早く仕入れて販売するなら、問屋さんや海外サイトから調達して、ヤフオク！　やメルカリで販売するだけです。

参考

◎SUZURI　https://suzuri.jp/

◎Creema　https://www.creema.jp/

◎Minne　https://minne.com/

サービスの売り買い

翻訳してあげる、マッサージしてあげる、ホームページをつくってあげる、そんな「やってあげる」ことでフローが生まれます。エステや美容室など、店舗で行われるサービスもたくさんありますし、ネット上でも〝ココナラ〟などのスキルシェアサイトを見ることで、どのようなサービスにニーズがあり、大きなフローを生み出せるのかをつかむことができます。

「サービスの売り買い」は、最も簡単なフロー増設法になります。難しく考える必要ありません。仕事や家庭、趣味などで身についたスキルがあり、それが人々の「面倒くさい」と思うことや、「自分にはできない」と思うこと、「仕事上必要」なことであれば、すぐに売れ始めます。

参考

◎ランサーズ　https://www.lancers.jp/

◎クラウドワークス　https://crowdworks.jp/

◎シュフティ　https://app.shufti.jp/

ノウハウの売り買い

セミナーやコンテンツのダウンロード販売など、「教えてあげる」ことでフローを生み出すやり方です。**時間の融通が利きやすく、オンライン化できれば費用もほとんどかかりません。**ストアカなどのセミナー告知サイトを見れば、どのような講座、講師が人気なのかすぐにわかります。

「ノウハウの売り買い」は、最初はなかなか売れないのが通常です。〝自称先生〟からのスタートですので、教える内容がトレンドに乗っていることや、強い痛み、悩みを解消できる内容でない場合、他のフローに比べて出足が遅くなる場合が多いです。ですが、一度売れ始めると、利益率も高く、加速度的に知名度が高まっていくので、教えることが好きな人は試す価値ありです。

参考

◎ストアカ　https://www.street-academy.com/

◎ココナラ　https://coconala.com/

◎Udemy　https://www.udemy.com/

場や機会の売り買い

レンタルスペース、コミュニティ運営やマッチングサービスなど、場所や機会を提供することでフローを生み出す方法です。こちらも、イベント告知系のポータルサイトや、PRTIMESなどのプレスリリースサイトをチェックすることで、トレンドをつかむことができます。

ここで言う「場や機会の売り買い」は、やや広義なため、準備の方法はさまざまです。場所貸しなら、所有するスペースや借りた場所をSPACEEなどのサイトに掲載して時間貸しします。オンラインサロンやマッチングは、多くの会社が提供しているネットサービスを利用すれば簡単に運営できますが、はじめは集客が大変ですから、2つめ以降のフローにするほうが効率的です。

参考

- SPACEE　https://www.spacee.jp/
- DMMオンラインサロン　https://lounge.dmm.com/
- PassMarket　https://passmarket.yahoo.co.jp/

「こんなんで1億円になるかい！」。そう言いたくなりましたか？　大丈夫です。なります。私の主宰する起業18フォーラムにも、1つのフローから月100万円以上稼ぐ人はたくさんいます。その中には、もともとパチスロが大好きで、借金まみれだった方もいました。フローを生み出す力（自信）を身につけ、数を増やし、銀の卵をつくっていく。コツコツ取り組めば、遅咲きでも未来は拓けるのです。

まずは流れを量産、そして大きく太くする

多くの人が、商品やサービスの〝相場感〟を持っています。そして、「同じようなサービス＝同じような値段」だと思い込んでいます。しかし、ちょっと考えてみれば、この考えは間違っていることがわかります。物やサービスの価格は、需要と供給、ブランド力で決まるからです。

たとえば、ペットボトルのお茶です。コンビニでは150～170円程度ですが、ホテルの自販機では若干高めだったりします。観光地でおまんじゅうを買えば、近所の和菓子屋さんの倍の価格を取られます。ホテルのペットボトルが高い理由は、寝間着になってしまった後に外に買いにいくのは面倒だから。そして、おまんじゅうが高い理由は、観光地で買うおまんじゅうは主にお土産であり、「思い出を形にして渡したい」「会社の仲間に、お休みをもらった感謝を示したい」など、「食べたい」という需要とは別の価値を提供する商品になっているからです。

また、銀座の高級クラブには〝銀座価格〟があることは有名ですが、こちらも同じように、「飲食を提供する場」から「一流の体験」「エリート層との人脈」という価値を提供する場に変わっているからと考えられます。

このように、同じような商品、サービスでも、**場所やブランド、意味づけを変えることで、お金の流れを太くすることができます。物もサービスも、そして自分自身も〝最も輝ける場〟に置くことで、より高いステージにいる人や、より大きく太いお金の流れに触れることができるようになるのです。**

いかがでしょうか？ **ここまで来て、「自分には無理」と思うようでしたら、起業はやめておきましょう。**親族からお金を借りたり、銀行から融資を受けたり、何とかお金をかき集めて、ローンで金の卵を購入するほうが向いているかもしれません。どちらも嫌だ、無理だということでしたら……、残念ながら、この先も状況は同じかもしれません。

しかし諦める前に、もう一度考えてみてください。本当に無理でしょうか？ 実は、ただ面倒くさい、自信がない、やりたくない、そんなことではありませんか？ 何事からも、今逃げるのは簡単です。ですが2年後、後悔したり、自己嫌悪に陥ってしまったりすることになりませんか？ **自分自身が2年で達成できることを侮らないでください。**日々の1歩は小さくとも、2年で730歩の前進は、十分に人生を変える力を持っています。

chpeter

3

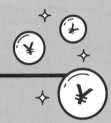

億の流れをつかむ目標の立て方

２０２３年の今、日本においても、この先、物価上昇、高止まりが続く可能性が高いと言われています。不動産や株式も、金融政策の変更があれば影響を受ける可能性はありますが、２０２３年７月時点では上昇が続き、ドル円相場は１４０円前半で推移中です。専門家はこぞって、「借金するなら今がラストチャンス」と発信するようになりました。

昨年来のＡＩの急速な進化により、働き方も大きく変わろうとしています。ホワイトカラーの生産性が高まり、流れに乗った企業は業績を伸ばす可能性が高まっていますが、一方で、この時代においても賃金を上げられない企業は多く存在し、私たちは変化すること、選択することを迫られています。

働き方も、お金の増やし方も、**時代の変化に対応できなければ、損失は大きくなる一方です。**１日８時間働いてお給料をもらい、スーパーで値引き惣菜を買って節約した小銭を預貯金にまわす。そんな親世代のやり方では、今を生きる現役世代は、お金の流れをつかむことはできません。

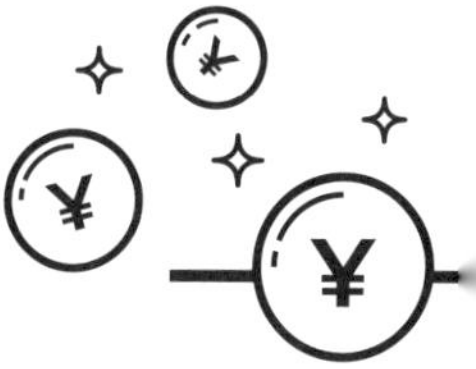

いざお金の流れをつかもうとしても、体が動かない人

ここまでお伝えしてきましたように、本書では〝金の卵〟の獲得に出遅れてしまった人に向けて、まずは〝銀の卵〟を構築していく方法をご提案しています。慎重な人、臆病な人、借金はすべて怖いと感じる人、自分で働いて返済するローン（負債）を抱えている人、40代になって老後が心配になった出遅れた人でも、今から実践できるやり方です。

「自信がない」の意味

ところが、ただでさえ出遅れているのに、また、いくら検討したところで数千万円の借り入れなんかしないのに、まだ迷っている人がいます。慎重過ぎる性格なのか、一体、何を心配しているのでしょうか？

こう言うと、いつも聞こえてくる声があります。それが「自信がない」です。なぜでしょうか？ **小さく始めることが前提ですから、失敗したところで経済的には、ほぼノーダメージです。**うまくやれなくてもいいのに怖いと言います。つまり、「やるならそつなく満点を取る」という、「業務命令を受けた際のサラリーマン」の思考になっているのかもしれません。

私たちが外食する際にも、年齢を重ねるに従い、いつも同じ（ハズレのない）お店を選んでしまうようになりますが、それと同じように「新しいことをして、失敗するのが嫌」と思っているかもしれませんし、単に「面倒くさい（今のままでいい）」と感じている可能性もあります。**ぜひ、ご自身の気持ちと正直に向き合ってみてください。**

お金の流れの例

フロー 小さな売り買い	●４つのタイプの小さな売り買いを量産する ●株式などのキャピタルゲインを狙う ●生活費や預貯金、積み立てに回す	出遅れた人は ここから
銀の卵 半不労所得	●小さな売り買いを自動化(外注化・システム化する) ●知的財産を貸し出す ●生活費や預貯金、積み立てに回す	
金の卵 インカムゲイン	●資金を調達する(銀の卵を売っていい) ●現物資産(不動産など)を購入する ●資産を貸し出す	富裕層思考なら ここだけ

いずれにせよ、ここで行動しなければ、お金の流れをつかむことは、今度こそ、永遠に不可能になります。その覚悟を持って決断してください。

机上の空論は、結局やり直しになる

　一方で、「銀の卵ならできそう！　すぐやりたい！」、そんな人にも出会います。何の基礎も学んでいない状態ですから、**まったく実現可能性のない事業計画をつくっていたり、誰も求めていないサービスを考えていたりします。**当然、ただの絵空事ですから、最初の第一歩まで落とし込むこともできず、早々に挫折してしまいます。

　多くの場合、小さな売り買いになっていなかったり（一人でできないサイズ）、多額の資金が必要だったり、ニッチ過ぎて発展性がなかったり、オリジナリティを求められていない方向で出していたりなどが原因になっています。

　たとえば、過去にこんな例がありました。Jさん（40代）のつくったアイデアのお話です。彼は、いわゆる普通の会社員です。彼が考えたサービスは、「**学生さんと1日一緒に行動します。将来の悩みを聞いたり、一緒に遊んだりします**」というものです。

　この手のサービスでは、誰が、誰と、何のために、というターゲットの明確化が必要になりますが、Jさんは経理担当の会社員であり、学生さんとの接点は皆無です。

彼らがJさんと遊んだり、悩みを相談したりする理由がありません。また、彼のやり方では1日1人までしか受注できませんので、対価を数万円以上に設定しなければなりませんが、どんな学生さんがそんな高額サービスを買うのでしょう？　親が払うとしても、知らないおじさんに大切な子供を預けるでしょうか？　ツッコミどころ満載です。

基礎をしっかり学んで他の事例を研究すれば、学生対象などと言わず、実際に困っている人に向けて、行列に並んであげる、一緒にテーマパークに行ってあげる、結婚式にサクラで出席してあげる、など自分にできることでスムーズに一歩踏み出すことができたはずです。

また、こんなこともありました。

Uさんは、ある食品系協会の民間資格を持っていました。「自分にはその道しかない」と思ったUさんは、その資格を前面に出してワークショップを開催しましたが、告知してもまったく集客できません。Uさんは、集客のために参加者にさまざまな特典をつけようとしましたが、協会から「勝手なことをしてはダメ」と、ストップがかかってしまいました。ワークショップ開催を諦めたUさんは、「もっと勉強しなければいけないので、留学して海外の資格を取る」と決めて会社を退職。定期預金を解約してヨーロッパへと旅立ったのです。

資格のための勉強を続けているUさんには申し訳ないのですが、**このような民間資格は、すべてとは言いませんが、フロー構築には使えないことが少なくありません。**他人のブランドですから、さまざまな制限やルールがあります。名称を使う場合には、認定された本人が、その枠内で活動することだけが許されるからです。故に、外注化も難しく発展性に欠けます。民間資格は、あくまでも趣味や自己啓発として楽しむもの、または、社内で使うスキル向上のためのものとして捉えるようにしてください。

フロー構築においては、「（資格などで）与えられた枠組み、ブランドで簡単に稼ぎたい。ゼロからつくるより、習って与えられたほうがラク」と考えがちです。ですが、自由度の低いフォーマットは発展させられませんし、運良くできたとして、それを〝銀の卵〟にできるかは疑問です。なぜならば、**枠内で働くその状態こそ、自分自身が〝誰かの銀の卵〟になっているからです。**

あれこれダメ出しのようになってしまいました。ですが、この最初の一歩をクリアできたら、その要領で入りのフローを量産できるようになります。**その先の作業は、これまでとは比較にならないほどラクになっていくでしょう。**最初からすべてうまくいくことを想定せず、ひとつずつ行動を積み上げていきましょう。会社に勤めながら試していけば、動きをやめるまでは失敗は確定しません。

失敗には必ず原因があります。私のこれまでの起業支援の経験では、そのほとんどが〝基本の欠落〟にあります。決して疎かにしているわけではないのですが、誰にとっても自分自身を俯瞰して見ることは難しいものです。ズレたところを基本に戻せば、流れをつかめるようになっていきます。

見つけるのは〝渇望〟と〝トレンド〟

フローを構築する際、「何が求められているのか」「誰が困っているのか」を見つけることは極めて重要です。しかし、どうしても〝できること〟から入ってしまうことが多くなり、誰かが求めていることと一致しないことをしてしまいます。**それはただの自己満足であり、価値（変化）提供にはなりません。**これを解決するためには、「人の強い欲望、渇望を意識する」ことが大切です。

人の強い欲望、渇望には、さまざまなものがあります。地位や権力、名誉欲、性的欲求、承認欲求、自己実現欲求などのことで、夜眠れなくなったり、怒りで拳をグッと握り締めたり、ハンカチを〝キーッ〟と噛んで悔しがったりする、あれです。それをもっと具体的な言葉にして、意識してみてください。

結果、それを完全に満たすほどの強力なサービスにならずとも、まずは意識してみることが大切です。「何となく良さそう」でも商品はつくれますが、売れるまで時間がかかったり、単価を上げることが難しくなったりします。

毎日のお仕事で、「誰かが用意した商品を売る」「決まった作業をする」ことを続けている場合には、この需要の発見は容易な作業ではないかもしれません。ですが、難しく考えないでください。**シンプルに、「求められているもの＝売れているもの」です。**売れているものを見て理由を考えてみる、買って調べてみる、真似をしてみる、まずはそこから始めてみましょう。

ところが、いざ現実を見ると、売れているものを見つけるところまでたどり着けない人がいます。一体、なぜでしょうか？　実は、ここにもまた、多くの人がはまってしまう罠が潜んでいます。それは、「あらゆることが言葉で具体化できていない」という罠です。

「言葉にできていない」。これも、フロー構築を阻害するボトルネックです。「やりたいことは〝社会貢献〟」だとすると、社会貢献とはつまり、誰が何のために何をして、何がどうなることなのか、まったく言葉にできていないのです。よって、「社会貢献したいのになぁ。何からしたらいいの？」となってしまいます。「コンビニで月に100円募金をする」「出されたものを残さず食べる」など具体的な言葉にできれば、簡単に実行できるはずです。

よくあるのが、「ワーキングママが活き活きできる社会をつくりたい」といったお話です。活き活きって何ですか？　何がどうなっている状態ですか？　笑顔のことですか？　会社で役員になることですか？　パパと一緒に子育てをすることですか？　シングルマザーの起業のことですか？　そこが自分の中ではっきり言葉にできれば、その状態になることを支援することが新しい入りのフローになるのです。

また、新しいフローを軌道に乗せる際には、「早く結果を出す」ことも大切です。**1億円への道は、最初の1円から始まります。**その1円を早く手にすることは、モチベーションを高めていくためにも極めて大切です。

そのためにやるべきなのは、「トレンドを見つけて引っかける」ことです。たとえば、今で言えば、単なる〝プログラミング講座〟よりも、「ＡＩを活用したプログラミング講座」にしたほうが多くの集客が見込めます。このＡＩのように、すでに可視化されたトレンドに引っかけることはとても簡単ですから、ある程度こじつけでも構いませんので、どんどんトレンドを見つけて引っかけてみましょう。

慣れてきたら、まだ可視化されていない次のトレンドを探ってみましょう。世の中の半分くらいの人が、「言われれば気付くけど、特段それを気にしているわけではない」というようなことです。炭酸水が入ったコップの底から出る泡のように、水面下で静かに何かが動き出しているけれど、まだ大爆発しているわけではない。そんなことです。それがこれから先のトレンドになっていきます。

お金の流れをつかむ商品をつくろう

では、実際に、小さな売り買いを始めるための商品をつくっていきましょう。**1億円を稼ぐ人は、ここで細かいことを気にしません。**まずは、やりながら修正、それで大丈夫です。

はじめに、今のあなたが持っているリソースを確認してみましょう。他の人が持っていないもの、フローとして使えるものを持っているでしょうか？

◎あなたに商品を卸してくれる人（人脈）はいますか？
◎他の人より安く、早く、独占的に、調達できるルートはありますか？
◎人に貸し出せる物や場所、権利を所有していますか？

他にもいろいろなパターンがありますが、まずはこの3つについて考えてみてください。これらを持っている人であれば、何も迷う必要はありません。すぐにフロー構築に進みましょう。

ですが、多くの人にとっては、「そんなものはない」が答えだと思います。その場合、次について考えてみましょう。**1億円稼ぐ人は、こんなことで「行き詰まっている」とか「自分にはできない」などと言ったりしません。**

- 仕事・家庭・趣味で、よく「褒められる」ことは何ですか？
- 仕事・家庭・趣味で、よく「やって」とお願いされることは何ですか？
- 仕事・家庭・趣味で、よく「教えて」と言われることは何ですか？

こちらも他にもたくさんの切り口がありますが、まずはこの「仕事」「家庭」「趣味」の3つ×「褒められる」「やって」「教えて」の3つで9つについて、考えてみてください。「人に教えるレベルじゃない」などと遠慮する必要はありません。何か見つかったら、それをスキルシェアサイトに出品してみましょう。最初は売れなくても大丈夫です。

しっくりこない場合、別の方法を模索してみましょう。少しお金を使えるなら選択肢が広がります。たとえば、雑居ビルの一室を借りて、レンタルスペースとして時間貸しをしてみるのはどうでしょうか？　あるいは、自動販売機、コインロッカー、証明写真ボックス、コインランドリーなどを設置するフランチャイズに加盟するなども考えられます。加盟金や、月々のロイヤリティ、管理費、広告宣伝費などがかさむ分、利益を出すことは簡単ではありませんが、パッケージを購入すれば自分で商品をつくる必要がないので、どうしても動けない人は検討してみると良いでしょう。**1億円を稼ぐ人は、悩んで停滞することはありません。**資料請求をするだけなら1日でできることです（※営業電話がめちゃくちゃかかってくるので、そこは覚悟してください）。

その商品が欲しい〝根拠〟を見つけよう

ネットショップに物を並べたり、スキルシェアサイトにサービスを出品したり、やってみたのにまったく反応がない……。大体、最初はそうなります。**1億円を稼ぐ人は、そこでぼーっとしていません。**売れない理由をつぶしていきます。

多くの場合、それは、「知られていない」ために起こります。人に存在を知られていなければ、その商品が売れるはずもありません。そこで大切なのが、商品を〝お金が流れている場所〟に置くことです。たくさんの人が来店する店舗に卸したり、Amazonやメルカリのように、人が集まっているネットショップに商品情報を掲載したりすることです。InstagramやTikTokを活用することもできるでしょう。多くの商品に埋もれてしまっている場合には、検索やハッシュタグで探し出してもらう必要があります。その手のノウハウはネット上にいくらでも転がっていますので、調べてみましょう。

また、サービスやノウハウの売り買いの場合、サービスが欲しい根拠について、さらに注意深く確認する必要があります。目に見えないサービスを売るためには、より正確な情報提供が必要になるからです。元々、「やって」「教えて」と言われていることを選んでいれば良いのですが、**「できること」から入ってしまうと、「それ、誰が求めているの？」という状態になりがちです。**

また、サービス自体に問題はなくても、文章を書いているうちに、方向性が変わってしまうことや、ターゲットが広がり過ぎてしまうことも、よくあることです。

たとえば、「癒やして欲しい→癒やされる」という変化を起こすサービスのはずなのに、いつの間にか、「癒やして欲しい→迷いが消える」のように微妙にズレていってしまうのです。それでは、売れるはずがありません。

また、最初は、「3年前の自分のように●●に悩んでいる人を助けたい」と思っていたはずなのに、次第に「30代以上のすべての女性に」などと言い出してしまいます。買ってくれる可能性のある人すべてを対象にしたいのは理解できるのですが、30代の女性にとっては、40代以上の女性に対するサービスは必要のない〝余計なもの〟です。

◎そこにお金は流れているか？
◎人に存在を知らせるために何をするか？
◎まっすぐターゲットに向かっているか？

1億円を稼ぐ人は、売れるようになるまで基本を何度も見返し、微修正を行います。

その結果、「朝、目が覚めると注文がいっぱい入っている」、そんなお金の流れをつくることができるのです。

ついで買いの商品をつくる

はじめは小さな入りのフローの数を増やすことを優先しますが、その次のステップでは、フローを少しだけ太くすることにもチャレンジします。高額商品をつくることに挑戦するのも良いのですが、より簡単なのが、〝ついで買い〟の商品を並べておくことです。ハンバーカーに対してポテトやコーラも揃えておく感覚です。**1億円を稼ぐ人は、お客様の財布の紐がほどけるタイミングを逃しません。**

この〝ついで買い〟商品は、想像より簡単に売れていきます。最初のハンバーガーを売るためには、企業はマーケティングや広告宣伝に多額の投資をして購買を促しますが、ポテトを売るにはマニュアルに、「セットがお得ですがいかがですか？　と言う」と書いておくだけです。それだけで、高校生のアルバイトでも一定の成果を出すことができます。さらに、Sサイズを注文してくれたお客様に、「プラス50円のMサイズのほうがお得ですが、いかがでしょう？」と聞くだけで、客単価はどんどん上がっていきます。

主婦のNさんは、自宅で「0歳児から始めるお絵描き教室」を始めました。Nさんは、新規の参加者が来た際には、入会金をいただいた後、色鉛筆のセットをはじめとする道具一式を紹介しています。全部自分で選んで購入するより、先生も推奨していて他の生徒も使っている道具が安心と、9割以上の方が購入してくれるのだそうです。

同じく主婦のTさんは、空いた時間にZoomで恋愛カウンセリングを提供しています。通常は1時間1万円の単発でカウンセリングに応じていますが、リピート依頼があった際には、3回で2万5千円の回数券をお勧めするようにしました。1回あたりの単価は下がりますが、お得感があり購入者数が増えたため、トータルの利益を2倍近く伸ばすことに成功しました。

ここで、ついで買いの商品を実際に考えてみましょう。多くの人がメインの商品を作ることばかりを考えていて、それを作り終わるとホッとしてしまい、フローを太くするチャンスを逃しています。たとえば、以下について順番に考えてみましょう。

①メイン商品を提供することで生まれる副産物を売れないか？

例

セミナー開催　↓　PDF資料・録画データ

キャラクターデザイン　↓　著作権・ベクトルデータ

手作りバッグの製作販売　↓　端材・はぎれ

②メイン商品に加えて売ることで満足度を高められないか？

例
講座開催　↓　修了証書・認定証
文房具の販売　↓　ギフトラッピング
電子書籍代筆　↓　タイトル案100

③メイン商品そのものを少しだけ単価アップできないか？

例
リフレクソロジー　↓　10分延長チケット
ランチ提供　↓　ごはん大盛り
グループコンサルティング　↓　個別コンサルティング

いかがでしょうか？　ついで買い商品を考えたり、売ったりすることは、メインの商品のそれに比べてはるかに簡単です。

たくさんの別商品を並べてしまうと、お客様も混乱してしまいますが、この例のような、関連性の高い〝ついで買い商品〟をひとつでも用意しておけば、スムーズにお客様にご案内でき、すぐにフローを太くすることができます。ぜひ、チャレンジしてみてください。

価格競争が起きない場所に行く

Amazonやスキルシェアサイトには多くの人が集まり、大量のお金が流れています。ですが、それ故に価格競争もし烈であり、競争による単価下落と、手数料の高騰に悩まされている人は少なくありません。

ところが、どこもそんな状態なのかといえばそうではありません。世の中には無数の時計メーカーがありますが、ロレックスの時計は高騰しています。飲み屋街もいくらでもありますが、銀座のプレミアム価格は今も健在です。

ロレックスはどこで買ってもロレックス価格です。高級時計の代名詞的存在であり、どこにおいても一流ブランドとして認知されているためです。では、たとえば、銀座に誰も知らないAというお店があったとして、そのお店が池袋に引っ越してきて、同じ銀座価格で勝負できるでしょうか？　答えはノーです。Aのブランド力ではなく、銀座ブランドに価値を引き上げてもらっていたので、池袋ではそれができないのです。

よく考えてみると、これは私たちにとって良い話です。ブランドが確立できていない弱者であっても、太いお金が流れている場の力を借りることで、より高単価で販売することができるようになるからです。スキルシェアサイトで横並びにされて価格下落に苦しむよりも、たとえば、SNSの活用やYouTubeに注力し、ファンになってくれた人にサービスを提供することで、叩き合いの場から抜け出し、独自のポジションを取ることもできるのです。

1億円を稼ぐ人は、自分をより良く見せられる場所に移動し、そこで輝きます。そして、少しずつ〝自分ブランド〟を築いていくのです。

では、ここでも簡単に、「どこに移動すれば自分の価値が高まるのか」について、一緒に考えてみましょう。あなたの価値、あなたの商品は、「そこで売っているから」安く見られてしまっている可能性もあります。以下について順番に考えてみましょう。

①流通経路を変えられないか？

例　ネット通販　→　店舗への卸売り（より比較されにくい場所に）

②居場所を変えられないか？

例　日本ですし職人　↓　アメリカですし職人（より単価の高い場所に）

③カテゴリを変えられないか？

例　ダイエット　↓　ボディメイク（より高級なカテゴリに）

移動できそうな場所は見つかりましたでしょうか？　すぐではなくても、さらに上のステージに行きたいと思ったら、思い切って実行してみてください。従来の場所も確保しつつ、新しい場所で試してみるのも良いと思います。

chpeter

4

お金の流れを軌道に乗せるステップ

ここまでいかがでしょうか？　シンプルな入りのフロー、ついで買い商品、銀の卵までのイメージは湧いていますか？　もう一度、整理してみましょう。

①新フロー（小さな売り買い）を増設する
②売れなければズレを修正する（売れない理由をつぶす）
③ついで買い商品を揃える
④外注化・システム化する（銀の卵）
⑤より高く売れる場所に行く

※③と④と⑤の順番は入れ替わることもある

本書を読み終え、実際の行動に移った際には、常に自分が今何番にいるのか、どこでつまずいているのかを、右のリストで把握するようにしてください。

お金の流れを軌道に乗せるには？

小さな売り買いを始めることで、お金の流れをつかむことができます。**「どこでお金が流れている」かを見つけ、その場所に行くだけです。**「何をやってもお腹の脂肪が落ちずに悩んでいる人がいる」ことに気づき、そのための解決策（トレーニングや食事指導）が売り買いされている場所に行くということです。

しかしながら、会社員としてやっている仕事が、このような渇望やトレンドを見つけることや、ニーズに沿った商品／サービスを組み立てたり、提案したりすることから大きく離れている場合には、この〝小さな売り買いが発生している場所〟という概念が理解できないかもしれません。

会社員として働いていると、どうしても、「いかに自分の仕事を片付けるか」「いかに上司に評価されるか」をまず意識してしまいますが、**1億円を稼ぐ人は、「自分のリソース（既存商品・所有物・情報・ノウハウ・スキル・人脈・権利等々）をどう使えば、誰に貢献できるのか？」「どこでそれが売り買いされているのか」を意識し、あれこれ考えず、すぐにその場に移動します。**

たとえば、大手家具販売企業で人事を担当するHさんは、毎日、膨大な事務作業や面談、快適な職場づくりの仕事に追われています。人手不足もあり、あまりにも多い仕事量に悩んだHさんは、通勤途中に時間捻出術の本を読みあさり、仕事の優先順位付けや段取り法、断り方などを学習しました。iPadも自腹購入し、より作業効率が上がるように努めた結果、2か月後には残業時間を大幅に減らすことに成功したのです。

その成果が上司の目に留まり、「そのやり方を部内で共有したいので、皆に教えてもらえないか？」と依頼を受けたHさんは、「このやり方、考え方を求めている企業は他にもありそうだぞ」と直感が働き、調べてみることにしました。

Hさんは、まず、「検索エンジンでこのノウハウを探している人がいるか？」を探りました。すると、「時間術」「タイムマネジメント」「仕事術」などのキーワードで、たくさんの人が検索していることがわかりました。

そして、検索結果を見ているうちに、時間術の講座やセミナーがたくさん開催されていることも知りました。また、書店の棚にはたくさんの時間術の関連本が並び、人気コーナーになっていることもわかりました。Hさんと同じように、本を読んで学んでいる人も多かったのです。

Hさんは、時間捻出ノウハウが売買されている（お金の流れが確認できる）場所を、自分も情報を得た「書店」と「セミナー告知サイト」だと特定しました。そして、まずはノウハウをまとめた電子書籍の出版に着手しました。紙の本の出版は今の自分には難しいと考え、できることからスタートしたのです。

次にHさんは、その電子書籍の内容をベースにしたセミナーをつくりました。読むだけの電子書籍に比べ、実際にワークをしたり、アドバイスを受けたりできるセミナーは人気になり、週末3時間1万円で販売したセミナーは、常に満席状態。月に20万円程度の新フローを構築することができたのです。

たった1000円、されど1000円

Hさんがやったことを、改めて整理してみましょう。

◎求めている人がいる情報を電子書籍にし、Kindleにアップした
◎その情報をセミナーにして、セミナー告知サイトに掲載した
◎ワークや個別のアドバイスをして評価を高めた

いかがでしょうか？　初めてのフローをつくる際には、Hさんが実行したように、「素直に求められていることをする」こと、そして、それが売り買いされている場所に行くこと、それだけでいいのです。

ですが、ここでひとつ問題が生じます。Hさんのコンテンツは、実際に大手企業の現役社員が教える、実績があるタイムマネジメント手法であることから、1万円という高単価で売ることができました。ですが、多くのセミナー告知サイトでは激しい価格競争が起こっており、1万円のコンテンツは簡単には売れません。最低価格の講座がズラッと並んでおり、本来1万円で売れるノウハウが1000円で売買されていま

す。スキルシェアサイトも同様、数をこなし評価を高めなければ見向きもされませんので、どうしても薄利多売になっていきます。

それでも、ここで「そんなの嫌だ」と簡単に投げ捨てないでください。**1億円を稼ぐ人は、やるべきことの順番を知っています。**まずは薄利であっても評価数を集め、高評価がついていけば、集客できるようになり、単価も上げていくことができるのです。

この「損して得を取る」行動は、時間を使ったら確実にお給料がもらえる会社員にとっては、到底信じられないことかもしれません。ですが、入りのフローを増やすためには、この〝先行（時間）投資〟は、大切な考え方になります。「たった1000円しか稼げなかった」と嘆く必要はありません。次に進むために必要なステップだからです。同時に、その流れを大きく（ついで買い商品）、太く（場所を変える）することにもチャレンジしていきましょう。

Hさんも、決して1万円という価格設定に満足していた訳ではありません。月20万円では全然割りに合わないと感じていました。Hさんはセミナー告知サイトでの評価レビューの平均点を高めつつ、ワークシート集、復習用セミナー録画ファイルなど、ついで買い商品を揃えていきました。そして、低価格競争になっているセミナー告知サイトから脱出し、ホームページ、Twitter、LINE公式アカウントを開設。セミナーへの誘導はもちろん、希望者に対して3か月の個別指導コース（33万円（税込））を提供し始めました。Hさんの売り上げは月100万円を超えるようになり、新しいお金の流れをつかむことができたのです。

小川もまとまれば大河となる

Hさんのような事例を出すと、「ついで買いの商品を考えるとか、30万円もするサービスをつくって売るなんて自分には到底できない」と感じてしまう方もいらっしゃるでしょう。確かに、自分でサービスをつくって売るなんて、日頃やっている仕事とは全然違うことでしょうから、そう思ってしまうのは無理もありません。

そんな時には、小さく単純なフローを大量生産してみましょう。小さな流れでも、それをまとめることで成功した人もいるのです。

システムエンジニアとして東京都内の会社にお勤めのFさんは、難しいことは一切考えず、小さなフローを大量につくり出して成功した人です。Fさんが最初に手がけたのはアフィリエイトブログです。自分が買った家電や日用品を使った感想、より賢い使い方などを、画像や動画などを組み合わせた記事で丁寧に解説し、月2万円ほどの報酬を得ていました。そして、そのブログを見ていた友人から、「自分もアフィリエイトをやりたいから教えてほしい」と言われたことをきっかけに、アフィリエイトのコンサルティング業を始めました。さらに、そこに来た生徒さんのブログをWordPressで制作する仕事や、忙しい生徒さんのためにSNS運用代行サービスを始め、コンスタントに月10～15万円程度を稼げるようになりました。

Fさんはさらに、趣味のゴルフ仲間から、「使わなくなったクラブを売りに行くのが面倒くさくて物置に入れっぱなしにしている」という話を聞き、すぐに古物商許可を取得。不用品を家まで引き取りに行き、オークションで販売するリサイクル業を始めたのです。

Fさんのフローは単発仕事が多く、巷でよく聞く〝ビジネスモデル〟などという難しい言葉とも無縁です。ですが、とにかく「自分にできること」をかき集めてスタートし、WEB制作やSNS代行は、外注化することで自分の負担を減らしつつ、フローの数で大きな流れを形成しています。**1億円稼ぐ人は、「スマートに成功したい」などと考えることはありません。**太くできないなら数を増やす。最初は自分で汗をかく。だからこそ、お金の流れをつかめるのです。

情報を発信しよう

お金の流れをつかむためには、お金が流れている場所に行き、そこに自分の商品・サービスの情報を掲示しなければなりません。物を売ろうと思ったら、人が多く来店する店舗に卸す、または、Amazonやメルカリのような、人が集まるオンラインサービスに商品情報を掲載します。形のないサービスや情報を売りたい場合には、スキルシェアサイトやセミナー告知サイト、イベントを売るならチケット販売サイトに情報を掲載するのが最短距離です。

しかしながら、より多く稼ぐためには、先述のHさんのように、価格競争から脱却するために、自前集客の仕組みを構築するのが得策です。**1億円を稼ぐ人は、自分のブランドで売ることができる人です。**

ところが、この「自分の力で売る」ことは簡単ではないのです。有形の物を売りたい場合、人通りの多い場所に実店舗を構えられれば最高ですが、家賃やその他の設備投資に大きなお金が必要になります。それを避けたければ、オンラインショップやネットワークビジネス（マルチ商法）で売ることになりますが、ネットワークビジネスはトラブルも多いので推奨できません。有形の物を売る場合には、最初は有力店舗に卸し売りするか、数十パーセントの手数料を支払ってでも、オンラインサービスを使うのがベストな選択でしょう。

自前集客を考える多くの人は、SNSからの発信を試みます。ですが、カフェやエステなど〝実店舗型サービス〟への誘導であれば、「お金を使うことが前提の場所」への誘導のため、比較的容易に売り上げにつなげることができますが、コンサルティングやオンラインサポートなど〝無形サービス〟への誘導の場合、SNSは基本的には「無料の発信&交流空間」と認識されているため、簡単にはユーザーを購入へと誘うことができません。一度でもやったことがある人なら、その難しさはおわかりいただけると思います。

しかしながら、1億円どころか、何十億円も荒稼ぎする〝詐欺師〟を思い出してみてください。無価値な物品を高額で売りつける詐欺もありますが、最近多く見られるのが、SNSで若者を勧誘する投資詐欺、中高年を狙うロマンス詐欺、高齢者を狙う架空請求詐欺などの〝無形サービス詐欺〟です。どれも最悪なサンプルですが、彼らこそSNSセールス、メールマーケティングの達人とも言えます。その能力を世のために使ってもらいたいものです。

では、よくある投資詐欺の代表的な手法を見てみましょう。まずはSNSで情報弱者の若者に向けて発信したり、DMを送ったりします。まともな事業者の発信との違いは、その発信内容が、お金で買ってもらうことを前提とした〝売り込み〟ではなく、簡単にお金が稼げる、お金がもらえるという〝引き込み〟を行っていることです。そんな甘い話に乗ってきた無知なターゲットをLINEに誘導し、その後、説明会に誘います。そこで契約に持ち込むのです。

なぜ、詐欺師と契約してしまうのでしょうか？　理由はいくつもありますが、共通しているのは次の2つの要素です。

◎お金の話をする前に自分を信用させている（投資詐欺・ロマンス詐欺）
◎急がないともっとひどいことになると思わせる（架空請求）

詐欺師に学べとは言いたくありませんが、**1億円を稼ぐ人は、人から信用されている人です。**そして、フォロワーや視聴者が知りたいこと、得たいもの、自分に期待していることが何かを知っています。日々の発信でその期待に応えながら、期限を決めて行動を促すのです。

これから発信を始める人や、発信を強化したい人は、次の3つのポイントを押さえておいてください。**1億円を稼ぐ人は、情報発信、伝達の本質を理解しています。**情報発信の本質とは以下の3つです。

◎「3人の受け手」に向けて発信する
◎自分発信2割を目指す
◎広告は拡散しない

順番に見ていきましょう。

「3人の受け手」に向けて発信する

情報発信と聞くと、「SNSから文字や画像、動画を投稿すること」をイメージすると思います。では、その情報は誰に向けての発信なのでしょうか？　多くの人は〝見込み客〟に向けた発信だと思うはずです。ですが、これから発信を始める人、発信力が弱い人は、それだけをしていても、多くの人に情報を届けることはできません。

実は、もっと大切なことは、**「自分の情報を発信してくれる人」に情報を届けることです。**「たくさん本を売りたければ、本屋さんに並べてもらう」ことが必要になります。そのためには、本屋さんに出入りする〝出版社の営業さん〟に、彼らの営業活動をサポートする情報やツールを渡さなければなりません。自分のSNSから発信しているだけでは足りないのです。

つまり、情報伝達を加速させるためには、**「①消費者に向けた発信」「②自分の情報を発信してくれる人に向けた発信」**、そして、まだ弱い「①消費者に向けた発信」を強化するための、**「③メディアに向けた発信（プレスリリース）」が必要になるのです。**

自分発信2割を目指す

この「①消費者に向けた発信」は、SNSやYouTubeを使えば、簡単に実行することができます。一方、「②自分の情報を発信してくれる人に向けた発信」は、ややハードルが高く聞こえてしまうかもしれません。ですが、そんなに難しく考える必要はありません。最初は、仮にSNSを使うなら〝いいね〟やコメント（リプ）へのお礼、口コミやレビューしてくれた人へのご挨拶、そんなことから始めてみましょう。そうやって、つながりを増やしていけばいいのです。

実際、インフルエンサーと呼ばれる人たちの発信を見ると、リプ、リツイート、切り抜きなど、本人の発信1に対して100を超える〝他人による発信〟が生まれています。一般人である私たちの発信がその比率で拡散することは殆どありませんが、目指すは「自分発信2割」、8割を他の人に発信してもらうことです。本書も、本屋さんやAmazonなどで見つけてくださった方が殆どだと思います。私自身の発信で知ってくださった人は、ごくわずかでしょう。

1億円を稼ぐ人は、（SNSに限らず）自分が発信する量よりも、人が自分について発信してくれる量のほうが圧倒的に多いのです。

広告は拡散しない

ネットで商品やサービスを売ろうと、必死に宣伝投稿をしている人を見ます。ですが、Google も Instagram も、もちろん Twitter も YouTube も、「あなたの商品を売ってあげたい」とはまったく思っていません。彼らは、ユーザーの利便性、自社サービスの有益性を高めることだけを考えています。**「広告したいならお金払ってね」ということです。**もし、多くのユーザーが、その宣伝ばかりで退屈なアカウントをブロックしたり、フォロー解除したりすれば、「ユーザーのためにならないアカウント」と判断され、露出がますます制限されていきます。

彼らの価値基準でつくられたサービス（アルゴリズム）に乗り、情報を広く拡散させるためには、「ユーザーが喜んでくれる情報を出すアカウント」になり、結果、「運営に好かれるアカウント」になることが大切です。**1億円を稼ぐ人は、アルゴリズムをハックし、運営に好まれるサービスの使い方をしているのです。**

どこで何を、何のために発信するのか？

小さな売り買いを軌道に乗せていく際には、「信用されていること」が極めて重要になります。最初の一歩でスキルシェアサイトやAmazonなどのオンラインサービスを活用するのは、人の流れが多いという理由のみならず、返金制度や評価レビューのシステムなどを用いて、信用のない私たちに代わってサイト運営会社が信用を担保してくれているからです。よって、**私たちが自前集客のために情報発信をする目的のひとつは、「信用してもらうため」ということになります。**

信用構築を目的とした情報発信は、「何を発信するか」と同時に、「どこから発信するか」も意識する必要があります。「どこから発信するか」の答えはシンプルで、「ネットと、ネット以外からも発信すること」になります。

ネットにある情報は多様で、即時性に優れ、特定の視点やニッチなトピックを深く掘り下げた情報を得ることができます。ですが、その自由さと匿名性故に、情報の信頼性、信ぴょう性については低く見られがちです。

一方で、従来型メディアや書籍からの情報は、それがネットと同じ情報であったとしても、報道基準や倫理規定に基づき、内容は記者や編集者といった第三者によってチェックされた後に公開されています。その分、信頼性、信ぴょう性の高い情報として扱われることが多くなり、信用につながる効果があります（※実際は、それらも完全に偏りや誤りがないわけではなく、また、メディアの所有者やスポンサー等による影響も無視することはできません。情報を受け取る側のリテラシーが求められます）。

ネットと従来型メディアには、どちらにも特性と強みがあり、それぞれが重要な役割を担っています。双方の強みを活かして発信する（される）ことが大切です。先述の「③メディアに向けた発信（プレスリリース）」が必要なのはこのためです。「考え方が古い！　そんなオールドメディアなんて誰も見てないよ」。そんなご意見もあると思います。確かに、昭和時代ほどではありませんが、私はまだ、4大マスメディアや書籍の影響力は十分にあると感じています。

群馬県の郷土かるた『上毛かるた』を通じた文化振興と群馬県のPRを行う一般社団法人 KING OF JMK 代表の渡邉俊さんも、メディア出演を上手に活用して事業を成功させている起業家です。

渡邉さんは、イベント開催が決まった際には、プレスリリースをFAXとメールで、NHK前橋、群馬テレビ、上毛新聞、読売新聞（前橋支局）、朝日新聞（前橋支局）、東京新聞（前橋支局）、エフエム群馬、まえばしＣｉｔｙエフエム、エフエム高崎、エフエム桐生といったメディアに情報を送り、さらに、ネットメディアに向けての発信のため、ネット上のプレスリリース配信サービスにも情報を送っています。

その結果、渡邉さんが主催するイベントは、地元メディアで紹介され、たくさんの人に認知されます。さらに、**これら信頼に足るメディアに掲載されている実績が信用となり、多くの企業スポンサーを獲得できているのです。**

渡邉さんは、イベント開催時にはYouTubeでライブ配信もするなど、ネットと従来型メディアの双方の強みを賢く使いこなし、多くの人に活動をＰＲしています。

（一般社団法人KING OF JMK　https://www.kingofjmk.jp/）

では、最もお手軽な「ＳＮＳからの発信」から始めるとして、まず何をすれば信用構築につながるのでしょうか？　答えは〝プロフィール作成〟です。投稿の前に、まずはプロフィールを書くことから始めてみましょう。

実は、ネットから発信する情報で極めて大切なのがプロフィールなのです。特に無形サービスの購入を検討している人は、ほぼ必ずと言っていいほど、サービスの情報を見た後に、あなたのプロフィールをチェックします。**１億円を稼ぐ人は、プロフィール作成の手を抜きません。**

プロフィールが信用構築に重要である理由はいくつかあります。プロフィールは自分が誰であるか、何をしてきたか（実績）、どんな専門知識を持っているかを示すものです。サービス購入前の見込み客は、私たちがそのサービスを提供するに値する人かどうかを、プロフィールを見て判断しているのです。

プロフィールは、それほど重要なものですので、活動を続けることで実績がついてきたり、過去の実績を思い出したりしたら、**常に最新の情報にアップデートすることが大切です。**販売数（人数／件数）、活動年数、メディア出演歴、講演実績、受賞歴などは、随時更新していきましょう。

ところが、プロフィール作成、実績の公開などと聞いた途端、ネット上に自分の情報を出すリスクが頭をよぎり、行動が止まってしまう人がいます。SNSに慣れていない人や、勤めている会社で厳しく副業を禁止されている人によくあるパターンです。

確かにわからないこともありません。私もまったく怖くないのかと言われれば嘘になります。さまざまな事情でどうしても難しい場合には、ビジネスネームを使う、写真はアバターや加工したものを使う手もあります。何もしないよりはマシです。できる範囲で、一歩踏み出してみましょう。

また、そうは言っても、「SNSが苦手でどうしてもやる気になれない」という方がとても多いことも知っています。昨年、「SNSが嫌いでも大丈夫」というテーマの講演を行った際も、想像以上に多くの人がSNSに抵抗感を抱いていることがわかり、「時代についていけない」「SNSを使いこなせず損をしている」という類いの悩みの多さ、深さに驚かされました。

ですが、SNSが苦手だからといって、そんなに心配することはありません。ブログやホームページを利用してもいいですし、SNSの広告機能だけを使ってもいいですし、さまざまなコミュニティに出向き、プロフィールを載せた名刺を配って、リアルのつながりを育ててもいいのです。

1億円稼ぐ人は、できないと思うことの中から、できることを見つけ、そこから始めていきます。

自分が動かなくても流れが途切れない仕組みをつくる

情報発信をルーティン化し、フローが動き始めたら、次はいよいよ〝銀の卵〟をつくっていきます。ここで言う〝銀の卵〟とは、いわゆる「自分がいなくてもフローが止まらない仕組み」を指します。

「自分でやれることを、なぜ仕組み化する必要があるの？」と思われるかもしれません。あるいは、「人を使うのは面倒なので自分でやったほうが早い」と考える方もいらっしゃるでしょう。確かにその通りです。ですが、それだとレバレッジを利かすことができなくなってしまいます。

仮に自分が得意ではない仕事に時間を取られているとしたら、その仕事を得意な人にさっさと任せ、自分は得意なことに集中するほうが生産性は高まります。そして、仮に得意なことであったとしても、自分と同じ仕事ができる人に業務を委託することができれば、空いた時間を使ってまた別のフローを生み出すことも可能になります。

1億円稼ぐ人は、時間を確保するために、自分についている〝重り（錘）〟を、躊躇なく切り離していく人です。

最も簡単なのは、「システムに任せる」ことです。仮に自分がやっている作業をシステムが自動でやってくれるのであれば、生産性は飛躍的に向上します。完全自動化までにはならずとも、作業時間を短縮できるツールがあるのなら、その費用は積極的に投資すべきものです。システムを使うような作業ではない場合には、まずは身内に頼めないかを検討してみましょう。

自動化ツールで生産性を上げる

前述のように、作業時間を短縮するためのシステム、生産性を高めることができるツールは、積極的に導入していく価値のあるものです。最もわかりやすいのはクラウド型会計ソフトの導入です。クレジットカードや銀行口座と連携させることで、明細を自動的に取り込むことができます。一度設定してしまえば、後は半自動で管理会計や確定申告のための書類を作成できます。

クライアントや外注業者とのやり取りに**〝Slack〟を利用する人も増えています。コミュニケーションを一元化できるため、情報共有や意思疎通がスムーズになり、生産性が向上します。**また、ＢｔｏＣ営業ツールとしては、ステップメールの自動配信が挙げられます。〝アスメル〟のような配信ツールを利用することで、メール読者への情報提供を効率よく仕組み化することができます。

ＬＩＮＥ公式アカウントのＡＩ応答メッセージも、気軽に活用したい自動化システムのひとつです。24時間３６５日、とりあえずの一次回答を送ってくれるシステムは、お客様のストレス軽減に大きく貢献してくれます。似たようなものでは、無料で利用可能（２０２３年８月時点）なチャットボット〝チャネルトーク〟などもあり、顧客対応を効率化してくれます。

仕組み化の第一歩は、任せられる作業を探すこと

自分がいなくても仕事が回るようにするためには、現在、自分が担当している業務を、自分の代わりの何か（誰か）にやってもらわなければなりません。そのためにまずやるべきことは、フローのために自分でやっているすべての作業を、細かく言葉にしてリストアップし、自分でやらなければいけない作業と、そうでない作業を分けることです。

たとえば、先述の逆転営業アカデミーを主宰する木村さんの場合、ざっくり次のような日々の作業がありますが、それを（半）自動化するために、以下のようにインフラを構築しています。

◎見込み客集め↓SNS／Google広告
◎一般向けセミナー↓自分（Zoom）&Vimeo動画販売
◎一般向けコンテンツ配信↓Vimeo動画&ステップメール
◎会員向け勉強会↓自分（Zoom）

◎Twitter 投稿→予約投稿（半自動化）
◎動画撮影→自分
◎動画編集→外注業者（ココナラ）
◎ブログ執筆→ChatGPTでアイデア出し&自分で執筆
◎集金→PayPal サブスクリプション
◎経理作業→会計ソフト（MF会計）&記帳代行業者（知り合い）

いかがでしょうか？　自分がやるべき仕事のみ自分で行い、人やシステムに任せられる作業は積極的に任せていくことで、効率よく仕事を回すことができるようになります。木村さんの場合なら、勉強会の録画を販売したり、ライター外注化、将来的には自分に代わる講師を養成することで、さらなる効率化が見込めます。

任せる作業をマニュアル化する

会社での業務も同じことですが、人に仕事を任せるには、正確な指示を出すことが求められます。「良きに計らえ」では、求める結果を得ることはできません。「机をきれいにして」などの曖昧な指示は、人によって異なるきれいさの机になって戻ってきます。人に指示を出すなら、どの布を使い、どの洗剤をどのくらいの量使い、どのように何回拭くのか、どうなったら合格なのかなど、やってほしいこと、得たい結果を詳細に言語化し、判断基準を提供する必要があるのです。優秀なＡＩであるChatGPTでさえも、プロンプトと呼ばれる命令文を正確に伝えなければ、望んだ回答を返してくれません。

そして、作成したマニュアルは、常に最新にアップデートしておきましょう。なぜならば、それがリスク対策になるからです。

実際、特にスキルシェアサイトで見つけた外注業者さんは、副業として仕事を請けていることも多いためか、意外と簡単に仕事を辞退してきます。ある日突然、「忙しくなったので今回で終わりにしたい」と言われることも珍しくありません。さらに言うと、連絡をしてくれるだけマシとも言える状態で、突然連絡がつかなくなる人も多いです。

仮に連絡をくれた場合でも、引継ぎをしてくれる人はいません。後任探しを急がねばなりませんが、見積りを取るにも条件提示が必要ですし、後任が決まった後にも、望む作業の詳細を伝えなければいけません。依頼内容や業務フローの指示書や工程表を常にアップデートしておけば、そんな緊急事態でも慌てずに済むのです。

そうやってコツコツと増設したフローですが、これらは残念ながら、放っておいて大きくなるものではありません。さまざまな生産性向上のための追加投資やアップデートを経て、大きな河へと育っていくのです。**1億円を稼ぐ人は、積極的な投資を行い、時間の価値を高めることを繰り返しているのです。**

chpeter

5

お金の流れを枯れさせないようにしよう

流れを枯れさせないためには？

本書では、安定志向の強い人、借金はすべて怖いと感じる人、自分で働いて返すローン（負債）を抱えている人、タネ銭のない人、40代になって老後が心配になった人など、いわゆる資産形成に出遅れた人に向けて、今からできるやり方、考え方をご紹介してきました。「フローを増やす＝起業＝小さな売り買い」を始めることで、「1億円稼ぐという目標に向かって進もう！」というご提案です。

とは言え、私を含め人間とは弱いもので、多くの人は、それでも何もしないか、するにしてもラクそうなやり方、一発逆転、一獲千金といった情報に心を奪われてしまいがちです。

よくある一獲千金ばなしの代名詞として、宝くじ当選や仮想通貨の億り人などがあります。宝くじの数億円という当選金は確かに魅力的です。ですが、その当選確率が極めて低いために、「貧者の税金」「愚か者税」などと呼ばれることもあり、投資対象としては不適切です。一方の仮想通貨は、価格変動が激しく、ＦＸ（外国為替証拠金取引）同様に〝レバレッジ取引〟ができるため「一発逆転できる感」がありますが、結局はタネ銭がなければポートフォリオを組むことができず、バブル相場が来たとしても乗っかることさえできません。

やはり、私のような「臆病過ぎて出遅れてしまった人」が、今さら1億円を稼ぐことを目指すなら、まずは地道なフロー増設でタネ銭をつくり、銀の卵化を進めながら、安全な積み立てとリスク商品のポートフォリオを組むことです。タネ銭が小さいうちは大きなインカムゲインは見込めないので、キャピタルゲインも意識しつつ、タネ銭を増やすために継続してフローを増やし育てていきます。いつか金の卵を購入したくなったら、その時に改めて、収入、預貯金、年齢を考慮して判断し、金融機関に相談します。どうしても1年半～2年の時間はかかりますが、そんな〝コツコツ〟が一番確実なようです。

このフロー増設が損な回り道である、考える以上に困難である、そんなご意見もうかがうことはあります。ですが、それは人それぞれ。**今現在持っている資産や環境、性格によって感じることは違うでしょう。**「今から5千万円の融資を受けるなんて怖い」と思う人もいれば、「月100万円稼ぐフローの構築なんて自分にはできない」と決めつけてしまう人もいるでしょう。

どちらであっても、少なくとも本書をここまでお読みくださった「出遅れてしまった」方にとっては、選択肢がそう多くは残されていないはずです。「可能性があるなら、とりあえずやってみるか」、そんなふうに思っていただけましたら、今すぐ行動に移し、それを継続してみてください。今を時めく有名経営者、投資家にも、最初はアフィリエイトから始めた、情報商材を売ってみた、不用品を売りに出してみた、動画を1本撮ってみた、そんな小さなフローから始めた方がたくさんいるのです。私たちにできない理由はありません。

まずはタネ銭づくりです。新しいフローを構築し、育て、銀の卵にしていくことです。言葉にするのは簡単なことですが、この過程は挑戦と困難の連続です。趣味と同じようなもので、少し上達すると楽しくなりますが、お金を稼ぐことだけを目的にしてしまうと、はじめのうちは興奮状態で満たされるものの、次第にその新鮮さが薄れ、困難が訪れた途端に行動をやめてしまうことになりかねません。それをすること自体を楽しむ、人のためになっている喜びを味わう、そんな気持ちが持てない人には、続けることができないでしょう。

入りフローの増設、銀の卵化の成功の鍵は〝継続力〟にあります。残念なことに、フロー構築において、この継続力を発揮できる人は意外と少なく、問題が起こるとすぐに投げ出してしまう人が大半です。

継続できない理由はハッキリしています。それは、私たちは基本的には、10年後の輝かしい未来のためよりも、目先の義務や恐怖、報酬や快楽のために行動するからです。

実際、問題が出てきた際に、「では、どうする？」と考える〝課題解決力〟は、多くの人が持っています。そして、生活のためであれば45年間も働き続けることができるのです。電車が止まったらバスやタクシーを使い、震災の翌朝でも、駅は会社に向かう人で溢れます。代替手段を探したり、義務を遂行したりする能力がないわけではありません。

足りないのは、「フロー増設の必要性の理解」に他なりません。「何のために、お金の流れをつかもうとしているのか？」、そして、「それが自分の未来にとって重要なことである」と認識できない限り、この活動を続けていくことはできないでしょう。

リタイアしたい人が増えているが

この1～2年、ＦＩＲＥ（ファイア）という言葉をよく聞くようになりました。ＦＩＲＥ（Financial Independence, Retire Early）とは、「経済的自立と早期退職」を意味します。20～30代から効率的に投資を行い、働かなくても生活できる経済的自立を達成し、早期に退職やセミリタイアしようというものです。

自分の時間を自由にコントロールするという価値観を重視し、早期に仕事から解放され、自己実現や趣味、家族との時間、ボランティア活動などに多くの時間を費やしたい、そんな人々によって推進されています。

たくさんの書籍が出版され、関連動画やセミナーも多い注目のＦＩＲＥですが、この発想は４％ルールというものに基づいています。４％ルールとは、年間生活費の25倍の運用資産を年利４％で運用し、その範囲で生活すれば、資産を目減りさせることなく生活できるという考え方です。

この４％というのは、アメリカの株価の一般的な成長率（７％）とインフレ率（3

%）の差を計算して導き出しています。インフレ率が上がれば、４%以上の運用益を出さなければ、リタイアどころか、働けなくなった頃に資金が尽きるということにもなりかねません。

２０２３年８月現在の日本でも、戦争の影響やインバウンドの急増による景気回復が続き、物価上昇が続いています。生鮮食品とエネルギーを除く総合指数（コアＣＰＩ）は、４月に４・１%と40年ぶりの高水準を付けたばかりです。アメリカにおいては、インフレの低下傾向が表れているものの、４月は前年比４・９%上昇となり、この部分だけを見れば、ＦＩＲＥの４%ルールの前提が崩れつつあります。

もちろん、これだけでＦＩＲＥが不可能になったとは言えませんが、年利７%以上の運用益を得るためには、それなりのリスクを覚悟しなければならず、高齢になればなるほど、「自分にはＦＩＲＥは無理」という状態になるわけです。

もし、仮に５千万円の投資資金があったとして、年利３%で運用できたとしても、1億円に到達するには24年もかかります。出遅れてしまった人、そもそもアベノミクス、アフターコロナの株価バブルに乗るタネ銭がなかった人にとっては、ＦＩＲＥは今さら現実的な話ではないのかもしれません。

もし、あなたが〝ストック思考〟にとらわれているならば、この現実を知って気持ちが下がってしまったことでしょう。「年利３%で24年待ってやっと1億円!?　しかも、そもそも5千万円もないし」とか「やっぱりそうだよな。わかっていたけど」など、**今持っているお金の量や人生の残り時間に意識が向いたはずです。**

ですが〝フロー思考〟の人は違います。「収入源を増やそう」「生きている間、お金が入り続ける銀の卵を準備しよう」「貯金がなくても、コストが利益を上回らなければ生きていけるでしょ」と、**難しい利回り計算などせず、フローを増やすための行動に移ります。**

「電気代2000円も上がるの!?　だったら収入2000円増やそう」

このように思考できるのが、いろいろあって出遅れた人が持つべき〝フロー思考〟です。

お金の流れは維持し続けることが大切

株の長期保有や不動産投資と異なり、自分でつかんだお金の流れは、ほったらかし、管理会社に丸投げというわけにはいきません。

フローが銀の卵になった後も、日々動いてくれるのはシステムや外注業者さんですが、システム会社が廃業することもありますし、外注業者さんが仕事を断ってくることもありますし、依頼単価が上がってしまうこともあります。また、競合他社の台頭や新技術による代替製品の登場など、お金の流れに影響を及ぼす事態がたくさん出てきます。**1億円を稼ぐ人は、現場で忙しく働くことはなくとも、管理者として日々フローをチェックし、手入れを怠りません。**

一度つかんだお金の流れを常に手入れし、リスク管理をしておくことで、次の流れをつかむチャンスが巡ってきたり、人とのご縁で、より良い場所に移動する権利を手にできたりすることもあります。日々の仕事に追われず、自分のペースでフローを管理する銀の卵オーナーであれば、そんなチャンスが来た際にスムーズに乗ることができるでしょう。

また、システムや外注業者さんに何も問題が起こらなかったとしても、お金の流れは時間が経つにつれ、次第に細く小さくなっていきます。常連のお客様もいつかは離れていきますし、市場が成熟すれば競合が増え価格競争となり、売上も利益も減少するものだからです。流れを維持するためには、常に新しいお客様を獲得し、新しい商品を追加していかなければなりません。

◎リスク管理
◎新規顧客の獲得業務のチューニング／アップデート
◎新商品の開発／投入

お金の流れをつかみ、それを（半）自動化した後も、この3つの手入れを怠らないようにしましょう。**1億円を稼ぐ人は、お金の流れを維持できる人です。**

流れを維持できるのは、自分に合っていることだけ

何の問題もなくフローをつくり、つかんだお金の流れを維持しているのに、突然、「やっぱりやめます」と、投げ出してしまう人がいます。「本当にそんなもったいないことをする人がいるの？」と思われるかもしれませんが、実際、驚くほどたくさんいるのです。「売ればいいのに。もったいない……」と、私自身も何度思ったことか知れません。

一体なぜ、せっかくつかんだお金の流れを自ら手放してしまうのでしょうか？

そうしてしまう人に共通するセリフが、「楽しくないから」です。

何を楽しいと感じるかは人それぞれです。私の場合は、「何をするのか」に対してそれほどのこだわりはなく、満員電車に乗らず、好きなタイミングで、ひとりで、家でできること、であれば楽しく取り組むことができます。仮に今と同じ仕事をするにしても、組織に属し、上司がいて、満員電車で通勤することになれば、半年ももたないと思います。

フローを維持するには、ただ金銭的な成功を追求するだけでは不十分です。大切なのは適正と環境です。好きなことをする、楽しいことをするのはもちろんですが、楽

しく（ラクに）続けられる環境を整えることも大切です。自分自身を理解し、自分が何を望んでいるか、何を達成したいのか、そして、何があったら続けられなくなってしまうのか、過去に投げ出してしまった失敗体験を振り返ってみましょう。

一度心が離れてしまうと、フローを元に戻すことは難しくなります。後で立て直そうとしても、失った時間もお金の流れも戻ってくることはありません。1億円を稼ぐ人は、自分に合ったことをやっている人です。そして、それを続けるための環境づくりに一生懸命になれる人です。

自分に合うことを見つけ、続ける方法

「自分に合うことを続けていく。そのための環境を整える」。言うのは簡単ですが、実際、**大人になってから自分に合うこと、好きなことを見つけることは簡単ではありません。**仕事で担当した業務はできるようになったものの、それが好きかどうかと問われればそうでもない。あるいは、好きであっても会社のカバンやカンバンがなければできない。自分は全体の中の歯車のひとつであり、ひとりでできることがない、そんな方もたくさんいらっしゃいます。

私が主宰する起業18フォーラムでも、自分に合う起業スタイルを見つけていただくための、さまざまなワークや仕組みを提供していますが、それでも、どうしても頭が固くなってしまって、「やりたいことが見つからない。できることもない！」と決めつけてしまう人がいます。

そんな方にご提案しているのが、「とにかく何でもいいので、いくつか同時に始めてみて、続けられそうなものを残してください。しんどいことはスパッとやめて大丈夫」ということです。向いていないことを始めても、成果が出るまで続けられません。**逆に、自分に向いていること、楽しいことをすると、人の半分の努力で、倍の成果が**

出せるものです。

次に、残したフローを続けていくための環境整備に着手します。環境整備というと、性能の良いパソコンを買うとか、速く安定したWi-Fiを契約するとか、集中できる場所を確保するとか、何かをプラスするほうに意識が向きますが、より大切なのは、自分のモチベーションを下げたり、前に立ちはだかったり、後ろからスカートの裾を踏んだりして、**自分の歩みを邪魔するものを排除することです。**

前に述べたように、私の場合は、組織、上司、満員電車、定時、この辺りが自分の気持ちを下げてしまうものでしたので、これらを外してみたということになります。その効果は想像以上のものがあり、のびのびと自分の意志で働くことができています。そして、「これからも体が続く限り継続していきたい」と思える仕事ができています。

この時大事になるのが、邪魔するものを「すべて排除する」ことです。大好きな料理なのにパクチーが入っているから食べられない。そんなことにならないように、嫌いなものはすべて外していきましょう。

好きなことならいくつやってもいい

「好きではないことはやってはいけないのか?」とよく聞かれますが、続けられるのであれば問題ありません。また、「いくつもやりたいことがあるが、ひとつに絞るべきか?」ともよく聞かれますが、やりたいならやったらいいと思います。確かに絞り込んだほうが、よりお金や時間を集中投資できますから、効率は良いはずです。ですが、楽しく続けられるのでしたら、そんな細かいことはどうでもいいので、とにかくやればいいのではないでしょうか。あえて自分からお金の流れをつかむ機会を断つ必要はありませんし、一つひとつの流れは小さくても、まずはつかんでいくことが大切だからです。

いくつもの小さな流れをつかんでいくと、流れと流れが結びつくことがあります。たとえば、営業コンサルティングのフローを構築したら、自己紹介を上手にできるようになりたいというニーズに当たり、自己紹介ワークショップを開催。すると、ワークショップに参加したお客様が、営業コンサルティングに流れてくるようになったなどです。

また、キャラクターデザインの仕事を始めて、そのデータを販売していた人が、キャラクターデザインを教える講師業に展開したり、NFT（Non-Fungible Token・非代替トークン　世界に1つの代替えのきかないデジタルデータのこと）化して権利を販売したり、Tシャツにプリントして販売したり事業を拡げていった例もあります。

一つひとつの流れは小さく、単発的な売り上げであっても、それを束ねていくことによって、お金は流れ続けるのです。

増やし過ぎたら減らせばいい

とは言え、フローの数を増やし過ぎてつらくなってしまえば元も子もありません。そんな時には、次の3つの基準で考えて、フローの数の削減を行いましょう。その3つとは……、

◎気持ち的につまらないことをやめる
◎体力的にしんどいことをやめる
◎金銭的なフローが細い（儲からない）ことをやめる

経営的には「儲からないこと」からやめるのがいいのかもしれませんが、私たち人間は難しいもので、儲かるけどつまらない、儲からないけど楽しいなどの感情もあり、簡単にはいきません。

①労が多くて利が少ない（しんどくなるかもしれない）
②労が少なく利も少ない（楽しいかもしれない）

③労が多くて利も多い（楽しいかもしれない）
④労が少なく利が多い（つまらないかもしれない）

理屈では、④を残して、①をやめることが正解です。労と利、どちらを優先するのかを決め、増やし過ぎた場合は思い切ってやめてしまいましょう。

自分に合っているのに飽きてしまう

たとえ自分に向いていることでも、同じことを長く続けていると、モチベーションが下がってしまうこともあるでしょう。好きな料理でも、毎日ずっと食べていれば飽きてしまうのと同じです。

お金の流れについても同じことがいえます。たまに刺激が欲しくなったり、まったく畑違いのフローを試してみたくなったり、すべてを手放してみたくなったりもするものです。

そんな気持ちになったら、いったん落ち着いて深呼吸をしてください。衝動的にすべてを投げ出してしまったり、切り捨ててしまったりすれば、後悔することになります。「自分に向いていないのか」と悩む必要もありません。旅行にでも行って少し時間が経てば、またやりたくなるでしょうし、自分にとって大切な未来のためにやっているのだと初心を思い出せば、また前に進めるはずです。

もしあなたが性格的に飽きっぽく、すぐに投げ出してしまう傾向のある人だとしたら、新しいフローをつくる、新しい人に会いにいく、同業者の著書を読むなど、自分の脳を刺激する行動を定期的に実行するようにしてください。また、結果が出ず落ち込んでしまった時には、少し休むことも悪くありません。ですが、**種火だけは〝絶対に〟消さないようにしてください。**すべてを投げ出してしまえば、フローの再構築は困難になります。

とは言え、この「飽き」をポジティブに捉えると、ある意味ではチャンスと考えることもできます。さらに高度な銀の卵化を進める、あるいは、権利を他社に売ってしまって金の卵の原資にするなど、次のステップに進む絶好のタイミングなのかもしれません。

賃貸マンションに住んでいて犬を飼えない人に向けた、犬と遊べるイベントを定期開催していたNさんは、Facebookと口コミでどんどん成長していくイベントに、自分の時間が追いつかなくなってしまいました。参加人数が増えるのは嬉しいのですが、それに伴い、問い合わせのDM対応などの事務負担が増え過ぎてしまい、イベントをやめようかと悩んでいたのです。

ですが、「せっかくここまで育ててきたイベントを、こんな理由でやめるのはもったいない」と思ったNさんは、思い切った行動に出ます。知り合いの企業を回り、イベントスポンサーを募ったのです。

ピンチをチャンスに変え、スポンサー料という新しいフローをつかんだNさんは、そのお金を秘書サービスの外注スタッフに全額投資。業務を委託することで、自分の作業負担を一気に削減することに成功したのです。

こんな例もあります。WordPressを使って留学生活紹介ブログを運営していたAさんは、広告やアフィリエイトで月20万円ほどの収入を得ていました。ですが、次第に更新やコメント対応が面倒になり、勉強も忙しくなったことで、記事を書く頻度が下がってしまいました。

そのままブログからフェードアウトしそうになっていたAさんは、思い切ってブログをやめることを決意。独自ドメインをブログごと売りに出したのです。少しテコ入れすれば、一定の広告収入が見込めるAさんのブログは200万円で買い手がつき、購入した企業によって内容がアップデートされ、運営が引き継がれることになったのです。

Aさんは手にした資金で機材を購入しYouTubeチャンネルを開設。それがブログ時代のファンにも口コミで広がり、新たなフロー構築に向けて進んでいます。

忙しくなった、転勤になった、会社員の宿命でお金の流れが止まる

会社員をしながらフロー構築に取り組む場合、どうしても忙しい時期があったり、異動して慣れない環境に疲れてしまったりして、新しいお金の流れをつかむことに集中できなくなることがあります。

「忙しいからできない」と感じるということは、つまり、「先にやるべきことがある」と感じているか、「時間的にはそうでもないけど精神的に余裕がない」状態になっているかです。もちろん、ワンオペ育児や介護、あるいは体調不良によってそうなってしまうことは十分に理解できます。そのような場合には無理をせず、状況が落ち着くまで待つこともひとつの方法です。

毎日のお仕事によってそのようになっている場合には、自らの行動で改善できる余地は残されています。

私たちは毎日の生活で、おおよそ8〜10時間を仕事に使っています。通勤時間と出勤準備を2時間、睡眠時間を6時間とすると、残り時間は6〜8時間ほどになります。あなたはたとえば次のことに、どのくらいずつ時間を配分しているでしょうか？　日

によって違うでしょうが、平均するとどのような配分になっているか、確認してみましょう。

◎家事の時間（調理、掃除、洗濯、片付け、ゴミ出し、家計管理など）
◎家族、恋人との時間（子育て、家族サービス、デートなど）
◎ペットとの時間（散歩、遊び、しつけ、食事、お手入れ、くつろぎなど）
◎遊びや学びの時間（趣味、飲み会、勉強、ボランティアなど）
◎美容や健康など体ケアの時間（メイク、運動、マッサージ、瞑想など）
◎SNS、動画視聴、ゲーム、テレビ視聴の時間
◎フロー増設活動の時間
◎その他の時間

次に、自分が優先している（してしまっている）事柄を可視化します。たとえば、現状の時間配分を次のように配置します。

お金の流れをつかむこと、フローをつくり育て続けることが、少なくともチャートの〝右側〟に来ているかどうか、確認してみてください。

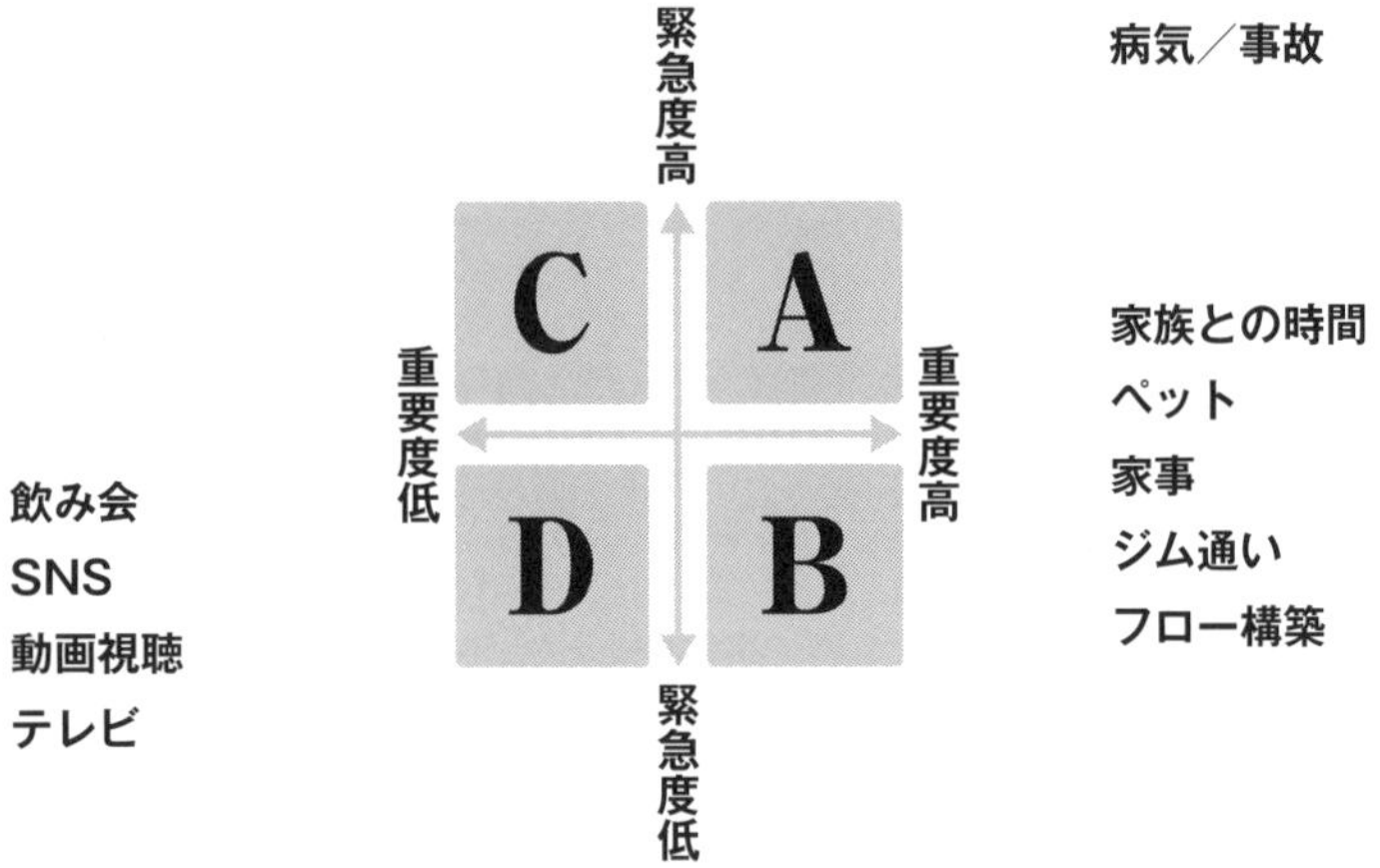

タイムマネジメントの世界では、時間を使う優先順位を決める、効率的に使うという話をします。ですが、その優先順位を決める判断基準が現状のままでは、結果として決定する優先順位はいつも似たようなものになります。タイムマネジメントや習慣化トレーニングがうまく機能しないことがあるのは、このためです。

大切なことは、今の自分にとって大事なこと（緊急度高）だけでなく、未来の自分にとって大事なもの（緊急度低）も右側に置くことです。左側にあるものは、やめるか、それが難しいのなら、通勤中の車内などのスキマ時間にやる、ながら作業にするなど、配分時間を最小化する工夫をして対応しましょう。

◎左側にあるもので、右側に移動するべき

ものは？
◎左側にあるもので、やめられるものは？
◎左側にあるもので、頻度を下げられるものは？
◎左側にあるもので、スキマ時間にできるものは？
◎左側にあるもので、ながら作業（マルチタスク）にできるものは？

左側の配分時間を最小化できたら、次に右側の優先順位、効率化を進めていきます。Aブロックに分類したものには触れなくて大丈夫です。自分にとって極めて大事であり、急ぐことですから、時間をしっかり割くようにしましょう。

工夫の余地があるのは、Bブロックに分類したものです。たとえば家事なら、掃除ロボットの購入、ハウスクリーニング会社との契約、週末にまとめて下ごしらえをしておく、ジム通いであれば、複数の施設で利用できる契約にする、24時間使える契約にする、日常的に階段を使うようにして施設に行く頻度を下げるなども考えられます。

◎Bに分類したもので、左側に移動できるものは？
◎Bに分類したもので、ツール／システム／人に手伝ってもらえることは？
◎Bに分類したもので、頻度を下げられるものは？
◎Bに分類したもので、スキマ時間にできるものは？

◎Bに分類したもので、ながら作業（マルチタスク）にできるものは？

せっかく動き出したフローを止めないためにも、Bブロック、Cブロック、Dブロックに分類した時間を見直してみましょう。

また、これは感覚的な話ですが、「仕事が忙しくなったので諦める」という人の8割は、「精神的に余裕がなくなった」のだろうと思います。実際にお話を聞いてみると、「毎日夜10時まで働いている」とか、「休日出勤もしている」というお話だったりするのですが、本当ならすぐにでも辞めるべきブラック企業でしょうし、普通の企業であれば、ずっとその状態が続くことはないはずです。状況が改善しない場合には、上司や専門家に相談するなど、落ち着いて解決のための行動をとってください。これまで積み上げたものを感情に流されて投げ出してしまうのは、あまりにもったいないことです。

そして、会社員にはもうひとつ、潜在的なリスクがあります。それが、**突然の配置転換や勤務地が変わる転勤です。**配置転換になった方からは、「今は本業に集中したい」という声が多く聞かれるようになります。そして、環境が大きく変わる転勤の場合には、「本業に集中したい」に加えて、「新しい地でゼロから立て直す気力がない」

といった理由で挫折してしまう人が多くなります。

では、せっかくつかんだお金の流れを失わないために、私たちは何をすべきでしょうか？

まず大前提として挙げたいのは、**フロー構築の際には、「住む場所によってお金の流れが止まってしまうことはやらない」ということです。**今からフローを増設するなら、「自分がどこに住んでいてもできる」ことを条件にしましょう。

仮に転勤のない職種で働いていたとしても、家庭やその他の事情で住む場所が変わる可能性はゼロではありません。始める前から考慮しておくことがイチバンです。

もし、既にフローが動いている場合には、次のことについて考えてみましょう。

◎オンライン化できるか？
◎元居た場所で継続できるか？
◎新しい場所で継続できるか？

です。順番に見ていきましょう。

新型コロナウイルスが流行したことで、私たちは多くの経済的損失を被りましたが、意外な事実にも気づくことになりました。それは、思っているより多くの仕事がオンラインで完結できてしまうこと。そして、オンライン化すれば、コストが安く済み、移動時間も削減でき、自宅で気楽に働ける、ということです。

今、動き出しているフローは、オンライン化できないでしょうか？　全部は無理でも、一部ならできそうでしょうか？　確かに、新型コロナウイルス感染症が5類に移行されてからは、多くのことが従来の〝リアル型〟に回帰しつつあります。とは言え、オンラインショップやコンサルティング、複数拠点の合同会議など、オンラインのまま定着しそうなこともたくさんあります。

オンラインをメインの活動の場とし、リアルはたまに、そんなバランスに組み直すだけでも、負担はずいぶん小さくなります。

次に、仮に住む場所が変わったとしても、元居た場所でフローを維持することができるかの検討です。たとえば、東京でヨガ教室をやっている人が福岡に住むことになったとして、東京の教室を維持できるのかという問題です。

①開催頻度を下げて、福岡から東京に通う

②そのまま廃業する
③東京の教室を閉じて、福岡で再度立ち上げる
④東京の教室を別のインストラクターに任せて、福岡でも再度立ち上げる
⑤東京の教室を管理してくれる人を見つけ、オンラインレッスンを提供する

他にも方法はありそうですが、大体このくらいのことが考えられるでしょう。

①の方法は、東京の生徒さんからクレームが入るかもしれませんし、経費を考えると現実的ではないかもしれません。②は、とてももったいないことですが、経験上、**この道を選ぶ人が最も多いのではないかと思います。**

③の方法は、「いつかまた福岡を出ることになるなら意味がないのでは？」などと考えてしまうと行動が止まってしまう恐れがありますが、ノウハウはあるので、気力があれば実現可能性は高いです。④は、人間的に、技術的に、コスト的に任せられるパートナーがいるかどうかですが、フローをつくったばかりの段階では難しいかもしれません。

⑤の方法も実現可能性は高いでしょう。レンタル会場の機材設営と生徒さんとコミュニケーションをしてくれる人さえ見つけられれば、先生は福岡からライブ配信をするだけで済みます。これなら何とかなるかもしれません。

「一度フローをつくれば、ずっと順調」ということはありません。「よくまぁここまで、神様はいろいろ試練を与えてくださる」、そんなふうに思ってしまうほど、お金の流れをつかみ続けようとする私たちの前には、さまざまな「解決できる問題」が現れます。それは成長の新たなチャンスでもあります。1億円を稼ぐ人は、試練を前にした時、「だからできない」とは言わず、「だから変われる」と、この機を活かして成長するのです。

病気でお金の流れを維持できなくなる

新しいフローをつくり、軌道に乗せていくまでには、一般的な会社員であれば、最低でも1年半～2年という時間がかかります。仕事、子育て、介護と、さまざまな義務をこなしながらの準備になりますので、どうしてもそのくらいの期間は必要になってしまうのです。

その過程で、病気や交通事故などのアクシデントによって、活動に影響が出てしまうこともあります。ここでは、このような健康リスクに備えるにはどうすればいいのかを考えていきましょう。

私の運営する起業18フォーラムにも、がんになってしまった方、うつ病を患っている方、事故で骨折し入院してしまった方などの、たくさんの実例があります。正直に申し上げると、「治療に専念したい」ということで、廃業の道を選ぶ人が多いのも事実です。ですが、それでも稼ぐ人、つかんだお金の流れを手放さずに済んでいる人がいることもまた事実なのです。

Tさんは、長く上司からのパワハラに遭い続け、仕事中に涙が止まらなくなるという状態になり、うつ病と診断されました。休職して治療に専念してきましたが、復職するとまたぶり返してしまう可能性があることから、Tさんは退職してしばらくお休みすることにしました。そして1年後、家族の支えもあって、なんとか寛解することができました。

Tさんは、再就職を考えましたが、寛解は完治とは違って再発する恐れもある状態であるため、「自宅でひとりでできること」を条件に、新たなフローをつくることを決意しました。

Tさんは、まず、Twitterやnoteから、自分のパワハラ体験、うつ病体験を発信することから始めました。その発信が、似たような体験を持つ方や、今パワハラに苦しんでいる人たちの共感を呼び、相談に応じたり、励まし合ったりしているうちに、次第にTさんのファンが増えていったのです。

コミュニティ化し始めたTさんのフォロワーは皆、かつてのTさんのようにパワハラに悩みならも我慢して通勤し、うつや不調に悩まされている人たちです。そこには、たくさんのカウンセラーも参加するようになり、悩みを持つ人とのマッチングが起こり始めました。

Tさんは、コミュニティに参加してくれているプロカウンセラーには、「もっとフォロワーの悩みを聞く機会を持ってほしい」と考えるようになりました。一方、カウンセラー側には、「クライアントが欲しい」という気持ちがあったため、両者の思惑が一致。カウンセラー側がコミュニティ会費を支払い、セミナーを定期配信することでマッチングの機会を得ることができる〝場所貸し／機会提供〟のフローを生み出したのです。

日頃は会員同士が掲示板上でやり取りし、Tさん自身が疲れてきた時も、会員カウンセラーたちが情報を発信してくれるため、Tさんは自分のペースで仕事ができています。

Tさんのように健康に不安がある人はもちろん、老後も生涯現役で働きたい人にとっても、**このような、サブスク化、デリゲーション（権限移譲）、リモート化は、とても有効なリスク対策になります。**銀の卵をつくる際には、必ず意識したいやり方です。

競合他社が出てきて、お金の流れが少なくなってしまう

競合他社というと、戦う相手、負けられないライバルと捉える人が多いと思います。ですが、「小さなフローをつくり育てていこうとしている人」にとっては、それは正しい理解ではありません。私たちにとって競合他社とは、全力で逃げて無視するか、コラボする存在です。

「競合にお客様を奪われているなぁ」と感じる理由は単純で、「同じ土俵で比べられているから」に他なりません。ブランディング、差別化などと難しい言葉が並んでしまうのですが、要するにやるべきことは、「他と違う存在になる」ことです。

たとえば、小さな個人商店が、大手コンビニと戦うことができるでしょうか？　品揃えや営業時間などのサービス品質では、到底太刀打ちできないでしょう。

そんな場合には、出店場所を変える（離島などで地域密着型にする）、商品を変える（添加物を使わない）などして「他と違う存在になる」ことで、「同じ土俵に乗らないことで個性を光らせること」が大切になります。

婚活支援をしている美咲マカナさんは、「魅力開花コンサルタント」として活躍しています。美咲さんの婚活支援は、よくある「出会いの機会を提供するサービス」ではありません。また、コミュニケーションやメイクなどの、いわゆる〝モテテク伝授〟ともまったく異なるものです。

美咲さんは、表現こそわかりやすく「婚活支援」という言葉を使っていますが、やっていることは、10年以上も広告代理店でインタビュアーとして仕事をしてきた経験を生かした、「その人本来の魅力」を引き出す作業です。美咲さんと話しているだけで、なぜかクライアントさんはイキイキとした笑顔に戻り、自然にモテるようになってしまうのだそうです。

美咲さん曰く、「婚活用につくった自分と結婚してもらっても、待っているのは破綻だけ」。確かに、ごもっともです。

婚活ビジネスの市場は、アプリを利用する人が増えるなどで多様化し、少子化が進み、行政の参入などで厳しい面はありつつも、一方では晩婚化（金銭的余裕）、離婚増加による再婚市場の増加などもあり、参画業者が減ることはないでしょう。

そんな中では、美咲さんのような独自の立ち位置を見つけ、他と比べられにくい存在になることが大切なのです。美咲さんは、その上で、従来型の婚活事業者ともコラボし、クライアントの多様なニーズに答えています。独自性があるので同業者と競合しないため、仲間として活動できるのです。

「偽りの自分で、いくら出会いの数を増やしても、幸せにはなれないよ」。美咲さんは今日も、たくさんの女性を本来の姿に戻し、幸せな結婚に導いています。

（美咲マカナ　https://excog.hp.peraichi.com/brand_site_p1_1）

プラットフォーム（システム）が変わって、お金の流れが途絶える

ネット上には安価で利用できる便利なサービスが多数存在し、新たにお金の流れをつかもうとする際には、それらを活用しない手はありません。個人で小さな売り買いを始める際に便利なものには、たとえば次のようなサービスがあります。

- 通販サイト（Amazon、メルカリ、ヤフオク！　など）
- スキルシェアサイト（ココナラ、クラウドワークスなど）
- マーケティングツール（アスメル、LINE公式アカウントなど）
- コミュニティ運営／ブログ（note、DMMオンラインサロンなど）
- 動画販売サイト（Vimeo、Udemyなど）
- 予約受付／管理ツール（STORES予約など）
- 問い合わせ／アンケートフォーム（Google Formsなど）
- クラウドストレージ（Dropbox、iCloudなど）
- 集金システム（PayPal、BASEなど）
- 会計ソフト（MF会計、freee会計など）

どのタイプの売り買いを始めるのか（物の売り買い、サービスの売り買い、ノウハウの売り買い、場や機会の売り買い）によって、必要となるインフラは変わってきます。**なるべく安いもの、手数料の低いもの、使い勝手の良いものを使いたいのですが、ここは慎重になる必要があります。**

理学療法士のCさんは、東京の銀座と六本木で会員制の姿勢改善ウォーキングレッスンを提供しています。Cさんの丁寧な指導と明るいスタジオの雰囲気は口コミで人気となり、開業以来、ずっと順調に業績を伸ばしていました。

ある朝、Cさん宛に一通のメールが届きました。Cさんはその内容に目を疑いました。なんとそのメールは、開業以来利用してきたカード集金システムの運営会社からのメールで、廃業することになったので解約してほしいという内容のものでした。

その会社が廃業するということは、つまり、今いるすべての会員さんにカード契約を解除してもらい、さらに、別の会社のシステムで再契約してもらうことを意味します。これはサブスクで集金しているCさんにとって、極めてリスクの高い深刻な事態です。

結果的には、Cさんは、全会員さんに対して丁寧に事情を説明し、新しく契約したシステム会社に移行してもらうよう依頼し、大きな損失を出しながらも、何とか危機を乗り越えることができました。Cさんの、「手数料が安かったので選んでしまった」と後悔していた顔を、今でもよく覚えています。

前述のCさんの場合は「集金システム会社の廃業」による危機でしたが、このような外部環境の変化による危機は、想像以上に頻繁に、フローをつかみ始めた人に襲いかかってきます。「突然の転勤」のような「会社員ならではの危機」もあるのですが、独立して自由になったはずの人でも、それはいつでも起こり得る話なのです。

他の可能性として、検索順位を上げるSEO対策や検索広告によって集客してきた企業は、今まさに進行中の技術革新、生成AI機能「SGE」によって、戦略を大転換せざるを得なくなるかもしれません。画面上部に表示されるAIからの回答で満足した検索者は、わざわざ広告や検索結果のサイトに行く理由がなくなるからです。

物販プラットフォームにおいても同じことが言えます。長年、大手オークションサイトを利用し、圧倒的なレビュー数を集めてきたショップが、さらにお手軽に利用できるCtoCECサイトの出現により、売り上げを落としてしまうということも起こっています。

また、「急な値上げ」や「突然のルール改悪」もよくあることです。契約しているプランでは過去ログが見られなくなってしまったり、配信数の上限を大幅に減らされてしまったり、ポイント還元率が引き下げられたり、このような変化は常に、「今さら引っ越せない」という最悪のタイミングでやってきます。

このような危機を回避するためには、「あらゆることを複線化する」ことです。複線化が難しければ、「予備や別の選択肢を用意しておく」ことが求められます。

◎販売プラットフォーム
◎マーケティングツール
◎集金システム

特にこれら3つの変化（変更）は、ダメージやスイッチングコストが大きく、回復が困難なので、複線化と別の選択肢の準備を進めておきましょう。**1億円を稼ぐ人は、他人や他社はコントロールできないこと、企業は永遠には存続できないことを前提にしています。**

供給元が変わって、お金の流れが回復できなくなる

物を売る仕事をしている場合には、「扱っていた商品が仕入れられなくなる」こともあります。それが主力商品である場合、お金の流れが止まりかねない一大事です。本業のお仕事でも、商社やメーカーにお勤めの方なら、部品が生産終了になり手に入らない、代理店契約を解除されてしまったなど、経験したことがある方もいらっしゃるのではないでしょうか？

私自身も、いろいろな経験をしてきました。最近では、これからお付き合いが拡大しそうだった海外の取引先がコロナで自主廃業。そのため商品を輸入できなくなってしまいました。その前は、代理店をしていたメーカーさんが、突然、事業部を閉鎖。新規事業へ全振りするというびっくりの事件もありました。少し昔の話では、代理店をしていた国内メーカーさんが代替わりし、輸出代理店はお役御免ということもありました。

その他にも、頼りにしていた講師が離脱したり、セミナールームを貸してもらえなくなったり、仕事はいつも困難の連続です。それでも、そんな困難も楽しみながら、

常に最低3つのフローを維持することを意識し、1つ失ったら1つ増やす、そんなことを繰り返しながら、今日も頑張っています。

自分が死んだらどうする？　を決めて伝えておく

「終活」が定着して久しいですが、年齢にかかわらず、お金の流れをつかんでいる人なら必ずやっておきたいのが、「自分に何かあった時のマニュアル」を作成し、信用できる人に託しておくことです。少なくとも、すぐにできることとして、お客様、取引先への連絡方法、契約中のサービスのパスワードや解約方法などはまとめておきましょう。

予期せぬ事態になった場合には、法人と個人、後継者の有無など、状況によって対応が異なりますので、家族やパートナーには、弁護士や税理士などの専門家に相談してもらい、対応してもらいましょう。

この辺りの段取りは、多くの人が頭ではわかっているはずです。ですが、自分に何かが起きることに現実味がなく、放置している人が多いと思います。

そんな場合には、少しでもリアリティを感じるために、たとえば、こんな図を描いてみてください。

まず、横1本の線を引いて、0歳から平均寿命（男性81・47歳、女性87・57歳　厚生労働省「簡易生命表（令和3年）」）までメモリを入れてみましょう。そして、既に過ぎてしまった人生に斜線を引いてみてください。

次に、健康寿命（男性72・68歳、女性75・38歳　内閣府2022年版　高齢社会白書）にも線を引いて消してみましょう。たとえば上のような感じです。

自分はあとどれくらい活動できるのか？

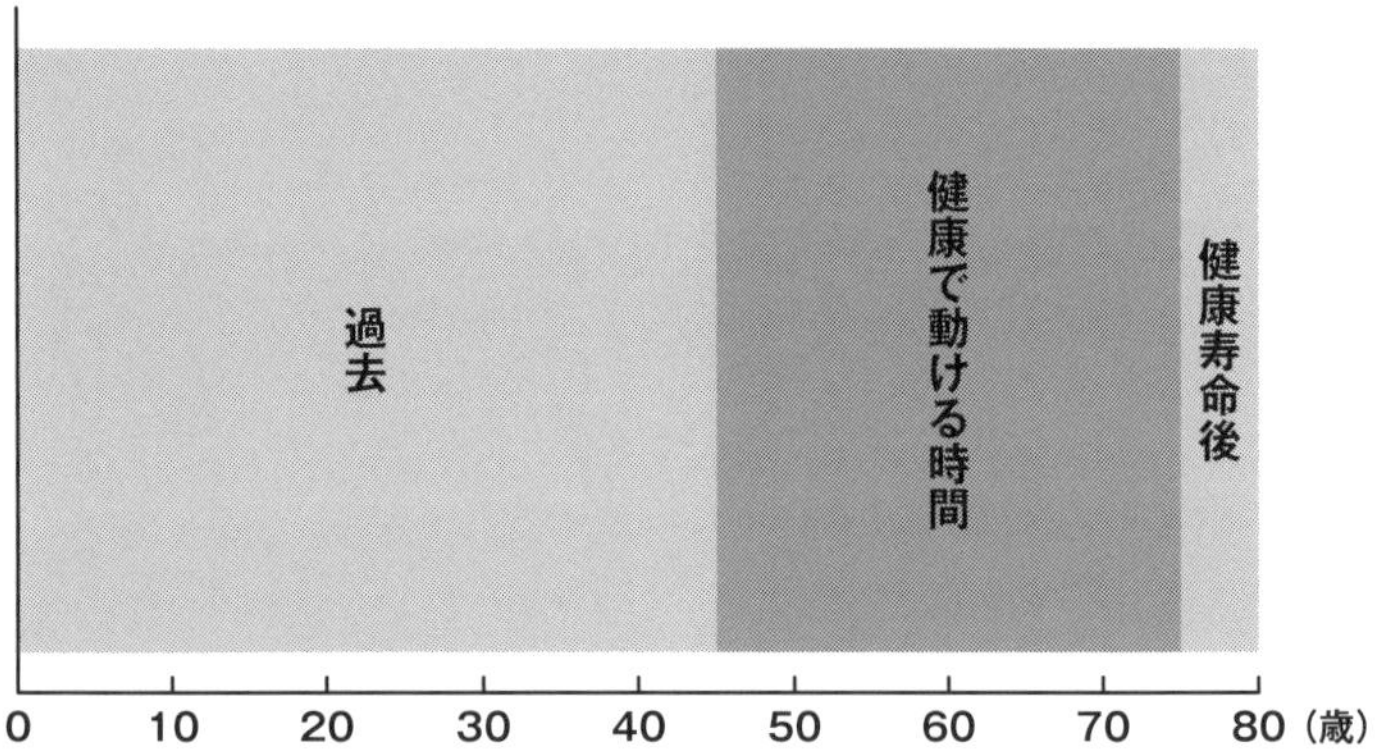

何だか……わかってはいたけど、やっぱり残された時間は少ないと思いませんか？

仮にまだ30代以下で、「まだまだ時間はある」と感じたとしても、**30代のあなたのまま、その時間を生きられるわけではないのです。**気力、体力、視力もすべて落ちていきます。今のあなたこそが、人生で最も若く、最高の状態なのです。

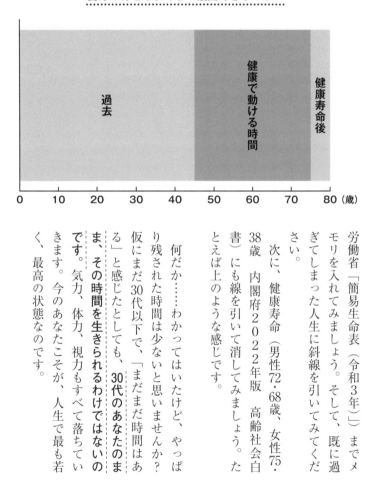

今やらなくて、いつフローをつくるのでしょう？　そして、「自分に何かあった時のマニュアル」くらいは、つくっておいても良さそうだと思いませんか？

そのような事態になる前に、フローを計画的に手放そうとしている場合も同様です。家族やパートナーにどのように引き継ぐか、または、ノウハウや会社を売却するのかなどを決めておけば、**関係者が次の判断をしやすくなります。**80歳を超えてオーナー会長、後継者不在、先の方針未発表、そんなことにはならないようにしましょう。

流れを枯らす人（信用を失う人）にならないために

何をやってもお金の流れをつかめない、つかんだと思ったら単発ですぐに枯れてしまう、そんな人もいらっしゃるでしょう。そんな状態が長く続けば諦めの気持ちになってしまうかもしれません。

よく、「どのくらいチャレンジして結果が出なかったら諦めるべき？　半年くらい？」などと聞かれるのですが、大事なのは期間ではありません。**「どのくらいやるべきことをやったのか？」**。**その量と質で判断するのが正解です。**

停滞状態でフローが枯渇してしまいそうな場合には、形勢逆転の突破口として〝コラボ〟を検討してみるのもアリです。

多くの人にとって、小さな売り買いを始めることは、さほど難しいことではありません。100円ショップで何かを買ってきて、それを1円で売ればいいのですから、商品をつくることは誰にでもできます。多くの人ができないのは、「売れる商品をつくること」や、「商品を売ること」です。もし、あなたが「売れる商品をつくれない」のであれば、売れる商品を仕入れてくればいいですし、「商品を売ることができない」のであれば、セールスをしてくれる人とコラボできれば、問題は解決します。

お金の流れを枯らさないために、必要とする能力を持つ人とのコラボに力を入れてみましょう。そのためには、自分が組みたい人、ライバルに持っていかれたらめちゃくちゃ悔しい人を洗い出してみましょう。たとえば、以下のような人です。

- ◎人が集まるプラットフォーム（インフラ）を持っている人
- ◎売れるコンテンツ／商品を持っている人
- ◎仕入元／営業先に人脈がある人
- ◎営業ができる人
- ◎業界に詳しい人／専門知識を持っている人
- ◎ＩＴに強い人
- ◎会計／数字に強い人
- ◎デザインができる人
- ◎雑用を引き受けてくれる人
- ◎お金を持っている人

今のあなたにとって必要な人は、どんな人ですか？　洗い出したら、優先順位をつけてみてください。

通常、私たちが組みたいと思った相手が、素直に組んでくれることはありません。なぜなら、私たちが欲しい能力こそ、彼らの商品／サービスだからです。お金で解決できるのならば、買ってしまうほうが早いです。

ですが、多くの人にとって、ここが難しいはずです。特に会社員として長年働き、時間を使った分は必ずお金がもらえる（1円の損もしない）働き方に慣れていると、「売ってくれたらマージンを払います」とか、「利益を折半したい」という〝リスクゼロ思考〟になりがちです。これでは、友達でもない限り、優秀な人は力になってくれないでしょう。相手にとっては、「なぜ、そんな条件であなたを助けなきゃいけないの？」となってしまうからです。

組みたい、組むべきと感じる相手を見つけたら、**相手が、「あなたと組んだら得だ。組まない理由がない」というくらいの条件を出してお願いすることを考えましょう。**それがお金の流れを思い切り引き寄せ、そしてつかむ、最初の一歩になるかもしれないのですから。

とは言え、コラボする相手を選ぶ際には、「組んではいけない相手」がいることも忘れないでください。人を見る目を持つことは大変難しいことで、1億円を稼ぐ人にとってもこれは常に失敗と学びの連続ですが、自分の〝違和感〟を信じて、直感的に判断することも、時には必要です。

組んでもうまくいかない相手は、こんな7つのタイプの人です。

- スピード感が合わない人
- 熱量が合わない人
- 文句ばかり言う人
- ネガティブ過ぎる人
- アドバイス好きな人
- 失礼な人
- 組む必要のない人

こんな人とコラボしてしまうと、感情を乱される原因になります。

たとえば、とても仲の良い会社の同僚だったWさんとFさん。お酒の席で、「一緒にやろう」と意気投合し、料理教室でフローの構築を始めました。教えるコンテンツはWさんがつくり、集客はFさんが担当。半年ほどで順調に売り上げが伸び始めましたが、FさんはWさんに対して、言い知れぬ違和感を抱くようになりました。

Fさんは集客をかけるため、Wさんのコンテンツの完成を待つことが多かったのですが、WさんはSNSに友達との飲み会写真を上げていたり、週末に何の連絡もなかったりと、ストレスを感じていたのです。また、Fさんは、2人でYouTubeに出てどんどん発信したいと考えていましたが、Wさんは、「顔を出すのは嫌だ」と言って協力してくれませんでした。そんなすれ違いの結果、2人でつかんだお金の流れは、1年もたずに消えてしまったのです。

Wさんも悪いことをしているわけではありません。Fさんの気持ちもわかります。ただ、スピード感と熱量が噛み合っていなかったのです。

また、文句ばかり言う人や、言動が失礼な人と一緒にいればイライラしてきますし、ネガティブ過ぎる人の話は聞いていて嫌になってしまいます。アドバイス好きな評論家もまた、「口はいいから手を動かして」とストレスがたまりますし、「友達だから」と、必要な能力を持たない相手と組んでも、気を使って疲れるだけです。

形勢逆転を狙えるコラボですが、相手を間違えると大きな痛手になります。感情的になならず、無理だったらスパッと解消するつもりで、挑戦してみましょう。**1億円を稼ぐ人にとっても、コラボは簡単ではありません。チャレンジあるのみです。**

継続することですべて解決する

「諦めが肝心」という言葉があります。一方で、「継続は力なり」という言葉もあります。どっちが正しいのか、それは状況によって違うでしょう。ですが、ひとつ言えることは、複数あるフローのひとつが停滞し、そこから撤退するという判断はあっても、**お金の流れをつかむこと自体から撤退してしまえば、いつか後悔するということです。**私たちは生きている限り、あるいは、亡くなった後でさえ、お金との縁を切ることはできないからです。

誰にも衝動的な破壊願望や、すべてを捨てて楽になりたいという気持ちになることはあります。ですが、少し冷静になれば、それがどれだけの損失になるのか、お金の不安に苛まれる結果につながることは、考えればわかるはずです。

私はこれまで、フローを手放し、諦め、逃げ出してしまった人をたくさん見てきました。そして、多くの人がまた不安になり、「続けていればよかった」「後悔している」と言っていることを知っています。

彼らの不安は、「今お金がないこと」ではありません。一度でもフロー構築に取り組んだ人は、わずかな預貯金に一喜一憂する意味のなさは知っています。

その不安の根源は、**「お金の流れをつかもうとしても、すぐに諦めてしまう自分」にあります。** そして、「そんな自分は、この先も、お金の流れをつかむことができないのではないか」という不安なのです。ストックもなくフローもつくれない。それではどうにもならないではありませんか。だから、継続してほしいのです。たとえ恋人と別れたとしても、次の恋人と付き合えばいい。恋愛すること自体を放棄する必要はありません。子供ができて忙しくなり、今はそれどころではないと思っても、お金の負担はこの先増すばかりです。**だからこそ、種火を消してはいけません。**

フローをつくること、お金の流れをつかむことは、あなたやご家族のライフワークとして、コツコツ継続してください。フロー構築は1勝9敗です。その1勝で流れをつかめば、9敗分の損など取り返せるのですから。その9敗分の損を小さくするために、本書でご紹介した1億円を稼ぐ人の考え方を活用してください。

私の周りには、お金の流れを枯らさないために、フロー構築を進め育てている人がたくさんいます。多くは普通の主婦や会社員、フリーランスの方々です。億を超えるストックを持っている資産家はいません。それでも、複数のフローを持っていることで、そして、この先、何をどうしていけばいいのか、自分がいくら稼げるのかを理解していることで、彼らの表情は極めて穏やかです。**健康を維持し、銀の卵のメンテナ**

ンスを続ければ、この先も今のように生きていける。そう思えることで、大きな安心感を持てているのです。

そして、私の周りで成功している人たちは、皆、全員、継続してきた人たちです。**失敗しなかった人たちではありません。**判断ミスをし、お客様から叱られ、仲間と思っていた人に裏切られ、アイデアが出ず悩み、集客できず悲しくなり、言い訳を見つけて諦めそうになっても、それでも続けてきた人たちです。

これってすごいことですか？　彼らはすごい人たちですか？　いえ、そんなことはないですよね。なぜなら、あなたも会社に勤めていて、あるいは、子育てや介護、家事をしていて、同じように苦しくなった経験があるでしょう？

それでも、あなたは続けています。義務だからという理由だけでなく、喜びや愛情だったり、意地やプライドだったり、「人はパンのみに生きるにあらず」と言うように、あなたにも「義務を超えた何か」がきっとあるからです。

成功している人は、フローをつくり、お金の流れをつかむ中で、あなたと同じようにその〝何か〟に出会い、行動を続けてきた、あなたと同じような人です。

だから、あなたにもできます。**1億円を稼ぐ人は、あなたと同じような人だからです。**

人はお金のみで生きるにあらず

ここまで本書を読んでくださり、フローの数を増やすことの大切さを理解し、1億円を稼ぐ道を歩み始めた人であれば、すでにお気づきかと思います。それは、「フローが増えていくと、お金に対する感覚が大きく変わる」ということです。

お金がない、と思っている人や、老後の資金がこのままでは足りないと焦っている人は、無意識下で、お金が人生の最優先事項になってしまっています。何をするにもお金で判断し、ただただ、使うお金は減らしたい、もらうお金はたくさん欲しい、と考えてしまうのです。それが冒頭に話したストック思考につながってしまう原因でもあります。

しかしながら、本書に書かれているフロー思考の考え方と、フロー思考になる実践方法、お金の流れを増やす方法を実践して、お金に対する執着心が薄まるほど、「自分が望んでいるのは、お金を持つことだけではない」、ということに気づかれることでしょう。**人はお金のみで生きるにあらず、ということです。**

そんな境地に達したら、その時に、本当に自分のやりたいことについて考えてみてください。できることの選択肢も増えていて、楽しいこともいっぱいあるはずです。

私が過去、起業のやり方をお伝えしてきた人たちは、最終的には、お金以外の大切なことにも気づくことができています。それはたとえば、家族との繋がりであったり、気心が知れた人との触れ合いであったり、社会に貢献していることのやりがいであったりです。

そうした気持ちになれれば、本当の意味で、お金に振り回されない人生を歩むことができますし、何より豊かな気持ちで生きていくことができます。

本書をお読み下さった全ての皆さまが、その境地に達し、豊かで温かい気持ちのまま、自分のビジネスに誇りを持ち、楽しく継続して、素晴らしい社会を子供たちに引き継いでくださることを、心より願っています。

あとがき

本書を最後まで読んでくださって、ありがとうございます。〝出遅れ〟や〝臆病〟といった辛らつな言葉も使っているため、気分を害されてしまった方には申し訳なく思います。ですが、続く物価高やローン返済、なかなか追いついてこない収入、増える教育費、老後の心配など、これからのお金について、改めていろいろと感じられたのではないでしょうか？

本書は、わかりやすい目標を提示するために、あえて〝1億円を稼ぐ〟という象徴的な言葉を用い、お金の流れをつかんだ人が実践した最初の一歩を解説しました。これを年収1億円を稼ぐと捉えるか、売上1億円、あるいは、純資産1億円を稼ぐと捉えるかは、皆さまそれぞれの環境、状況によって違うでしょう。ですが、それがどの1億円を稼ぐことであろうとも、一つひとつの判断、行動の積み重ねの結果であることに変わりはなく、すべては1円ずつの積み上げです。今のあなたにできる1億円を最初の目標とし、1円を稼ぐことから挑戦してみてください。

また本書では、スタートが遅れた方にも実行可能な手法をお伝えしたかったため、フロー思考やストック思考などの考え方、働き方、「小さな売り買い」と表現したスモールビジネスの視点など、幅広く考えていただけるように、内容を構成しました。これまで取り組んできたことを振り返ったり、これからどんなことに取り組もうかと考えたり、様々な思いが巡ったのではないでしょうか？

1億円と言われれば、「お金はそんなにいらない」と言いたい人も多いのではないかと思います。「そんなに稼げると思えない」「お金、お金と言いたくない」など、日本人の多くはお金から目をそらしがちです。

しかし、そんな私たちも、目の前に〝お金を得る権利〟が突然転がり込んできたりすると…。実際、親族、夫婦、創業メンバー、友人同士のトラブルは、お金に起因することも多く、私も過去に何度もしんどい思いをしたことがあります。

不安になることから目をそらしている状態と、余裕があって執着していない状態とでは、同じ「気にしないこと」であっても、天と地の差があります。お金に振り回され、人を傷つけたりしないためにも、自分でフローを増やし、育て続けることは、これからの時代を生きる現役世代にとって、必要最低限のスキルになるでしょう。

「いわゆる金儲けの上手な人は，無一文になったときでも，自分自身という財産をまだ持っている」。フランスの哲学者、アランの言葉です。たとえストックがゼロになっても、フローを作れる「自分という財産」が残されている。私たちもフロー思考で、その財産の価値を認識し、積極的に生かしていこうではありませんか。1億円を稼ぐ人は、「お金なんかいらない」と達観する前に、まずは実践する人です。

お金から目をそらそうが、真剣に向き合おうが、これからもお金はかかり続けます。税金も社会保険料も、下がることを期待するのは間違いです。物価も本格的に上がるのはこれからでしょう。持ち家の人は、この先も住宅ローンを、賃貸住宅に住んでいる人は生涯、家賃を支払わなければならないのです。

20～30代前半から計画的に資産形成を進められている人は、実に優秀であり、ラッキーです。50代、60代になるころには、将来安心して過ごせるストックを手にしているることでしょう。ですが、多くの人は、一生懸命働いているうちにあっという間に中高年になって、大したストックもなく、細く頼りない1本のフローに依存して暮らしているのではないでしょうか？「今さら億の借金をして不動産を購入するのは、ちょっと勇気がいる。そもそも審査に通らないだろう」。そんな人も多いはずです。

ですが、まだそんな私たちにも、「フローを増やす」という方法が残されています。お給料を10万円増やすよりも、業績アップに多大に貢献してボーナスを100万円多くもらうよりも、あなたにできることで、月10万円のフローを作る方がよほど簡単です。一発逆転のテクニックではありませんが、これをきっかけに、ぜひ最初の一歩を踏み出してください。その過程で、お金以外の何か、今あるものを楽しむことや、お金より大切な〝時間〟や〝プライスレスな存在〟について考える時が来るはずです。フロー増築と共に、そんな「自分にとって豊かな人生」も、忘れることなく追い求めていきましょう。

最後になりましたが、本書でご紹介した考え方は、入りのフロー増設の最も基礎的なものになります。細かいノウハウなど、お伝えしたいことは、他にもたくさんあります。ホームページにも、たくさんの情報を掲載していますので、ぜひご覧ください。

起業18フォーラム　https://kigyo18.net/

最後になりましたが、本書の執筆の機会をくださいました、総合法令出版株式会社の酒井巧さんと、本書を手に取ってくださいましたすべての皆さまに、心からの感謝と御礼を申し上げます。

令和5年8月

新井　一

新井 一（あらい・はじめ）

1万人の起業をプロデュースした「起業のプロ」。1973年生まれ。会社員のまま始める起業準備サロン「起業18フォーラム」主宰のほか、インターネットからの集客術に特化した起業家向けマーケティング支援などを行う。社会との関わり方に問題を抱え、高校・大学と海外スクールに単身就学。帰国後、日本企業に就職するも、人嫌いを克服できず、さまざまな失敗を繰り返す。社会になじめず、会社になじめず、自分の居場所を探して、15年間、会社員をしながら事業を続け、独立後は「起業のプロ」として起業家を育てる。特徴は「人生を変えたい」と願う会社員はもちろん、自立を目指す主婦からニート、フリーター、落ちこぼれまで、起業とはほど遠いと思われがちな人材を一発逆転させてきたこと。主な著書に『会社で働きながら6カ月で起業する』（ダイヤモンド社）、『起業がうまくいった人は一年目に何をしたか？』（総合法令出版）などがある。

起業18フォーラム▶ https://kigyo18.net/
Instagram ▶ @hajimearai
Twitter ▶ @happy_brains

誰でもできるけど、みんな気づいていない！
1億円稼いでいる人は何をしているのか？

2023年 8 月22日　初版発行

著　者　新井 一
発行者　野村直克
発行所　総合法令出版株式会社
〒 103-0001 東京都中央区日本橋小伝馬町 15-18
EDGE 小伝馬町ビル 9 階
電話　03-5623-5121
印刷・製本　中央精版印刷株式会社

落丁・乱丁本はお取替えいたします。

ISBN 978-4-86280-915-5
総合法令出版ホームページ　http://www.horei.com/